YVAN LABELLE, n.d.

*Préface
de Carol Vachon, B. Sc. Biol., Dr Physiol.*

VAINCRE
*les maladies
rhumatoïdes et inflammatoires*

Les vraies causes
de l'inflammation
enfin dévoilées...

D1102551

Éditions
Fleurs Sociales

Conception de la page couverture: Les Éditions Fleurs Sociales

ÉDITIONS FLEURS SOCIALES
1274, Jean-Talon est, bureau 200
Montréal (Québec)
H2R 1W3
Téléphone: (514) 272 - 9093 poste 228
Télécopieur: (514) 272 - 6956

Distributeur au Canada:
Diffusion Raffin
7870, rue Fleuricourt
St-Léonard (Québec)
H1R 2L3
Téléphone: (514) 325 - 5555
Télécopieur: (514) 325 - 7329
Extérieur: 1-800-361 - 4293

Distribution et Services Ferti 2000 Inc.
Téléphone: 1-800 - 272 - 1365

Bureau de consultation:
1274, Jean-Talon est, bureau 200
Montréal (Québec)
H2R 1W3
Téléphone: (514) 272 - 0018
Télécopieur: (514) 272 - 6956

Dépôt légal: Quatrième trimestre 1997
Bibliothèque Nationale du Québec
Bibliothèque Nationale du Canada

ISBN 2-920540-18-1

REMERCIEMENTS

À Madame Johanne Verdon, n.d., pour son soutien et son encouragement à la réalisation de ce volume.

À mes trois enfants, Grégoire, Victor et Jean-Guillaume pour leur amour et leur appui inconditionnels.

À Monsieur Carol Vachon, B. Sc. Biol., Dr. Physiol., pour la rédaction de la préface.

À Madame Hélène Reid, n.d., pour son sincère dévouement. Son travail acharné à l'ordinateur, sa connaissance de la «thérapie glandulaire» et sa capacité d'écriture qui ont permis la concrétisation de ce volume.

À Monsieur Mario Chaput, n.d., naturopathe au centre de consultation, pour son enthousiasme face au développement de la «thérapie glandulaire».

À Madame Louise Roy, n.d., pour son soutien aux recherches cliniques et son excellent travail au sein de l'équipe.

À Madame Annie Auger Lapointe, pour sa collaboration linguistique ainsi que l'entrée de certaines données à l'ordinateur.

À tous les membres de l'équipe, qui par leur attitude, m'ont toujours appuyé et encouragé à poursuivre mes recherches.

À tous mes clients et clientes, qui se sont ouverts avec sincérité à la naturopathie, ainsi qu'à ceux et celles qui m'ont donné leurs vibrants témoignages.

AVERTISSEMENT

Les soins naturopathiques indiqués dans ce livre n'excluent aucunement le recours au diagnostic et au traitement de la part d'un professionnel de la santé si cela s'avérait nécessaire.

Seul un praticien expérimenté, formé aux méthodes naturelles de santé ainsi qu'à la «thérapie glandulaire» peut établir le meilleur traitement possible.

TABLE DES MATIÈRES

NOTES DE L'AUTEUR

Je vous recommande la lecture de: «L'hypoglycémie, un dossier choc» rédigé par mes soins, pour une meilleure connaissance des problèmes de comportement, des états émotionnels, ainsi que des maladies occasionnées par le déséquilibre glandulaire.

D'autre part au sujet de l'alimentation face aux arthrites rhumatoïdes ou inflammatoires et aux maladies inflammatoires, vous pouvez vous référer au volume «L'arthrite: une souffrance inutile» que j'ai également rédigé.

Les nombreuses citations de ce livre poursuivent un but bien particulier: éviter au lecteur tout doute relatif à l'interprétation que j'aurais pu donner aux références. Celles-ci ont été reproduites intégralement.

Je signale, à toutes fins utiles, que je ne peux d'aucune façon faire des promesses d'amélioration ou de guérison systématique. Tout dépend en effet de l'état du système glandulaire de chacune des personnes concernées. Je confirme toutefois que dans plus de 80 % des cas, le système glandulaire retrouve convenablement sa fonction.

Les personnes décrites dans ce livre étant guéries ou ayant obtenu de fortes améliorations, ne sont pas fictives et les dossiers existent vraiment.

PRÉFACE

Les témoignages de plus en plus nombreux d'individus soulagés de leurs troubles de santé par des méthodes alternatives de santé ainsi que des connaissances scientifiques additionnelles jettent une lumière nouvelle sur la maladie. Les temps changent, les pratiques aussi. Le présent ouvrage fait partie de ce courant qui est en train de faire évoluer nos approches de santé. La science médicale est à une croisée des chemins entre des méthodes de plus en plus sophistiquées et envahissantes (mais avec d'intéressantes réussites) et des approches qui font plus appel à la nature comme autrefois.

Y a-t-il opposition? Ou plutôt, y a-t-il moyen de trouver une saine complémentarité? J'ai évidemment conclu à la deuxième proposition de par ma formation et mon cheminement professionnel. Après un stage postdoctoral, j'ai effectué pendant des années une carrière à titre de chercheur universitaire en bio-médecine et en nutrition. J'en suis venu à m'intéresser aux approches alternatives en santé, en particulier aux méthodes utilisées par les naturopathes.

L'initiation n'a pas été claire d'emblée, ayant d'abord eu à me défaire progressivement de certaines déformations professionnelles (il y en a dans tous les milieux) tout en essayant de trouver les justifications scientifiques à ces approches. Le problème était d'autant plus grand que les thérapeutes du milieu ne s'entendent pas toujours sur les hypothèses et les traitements. Le milieu est en effervescence.

En conformité avec ces approches, M. Labelle apporte une forte lueur d'espoir à ceux qui sont affligés de la maladie. Comme bien des troubles, l'arthrite rhumatoïde est la résultante de plusieurs causes, ce qui est pris en considération dans ce livre. Il y a donc plusieurs correctifs à appliquer, comme la réforme alimentaire qui est au centre du traitement. À cela s'additionne l'utilisation d'une panoplie de substances puisées dans la nature.

Ces choix résultent d'une logique toute simple: si la maladie résulte de déviations des processus normaux naturels, il s'agit donc de viser à rééquilibrer ces processus par des produits issus de la nature et qui aident l'organisme à effectuer son travail normal, et non pas en tentant de s'y substituer, comme essaient de faire, par exemple, les thérapies hormonales (mais qui peuvent avoir leur utilité à l'occasion).

On peut avoir des doutes sur l'efficacité de certaines substances naturelles à corriger un problème particulier, et encore plus si elles sont prises isolément. Mais elles ont l'importante caractéristique d'être des outils normaux du corps et qu'on administre pour en rétablir les fonctions. La science est en train de confirmer un grand nombre de propriétés bénéfiques attribuées à plusieurs de ces substances. De plus, il est souhaitable de se démarquer de la démarche scientifique conventionnelle qui cherche à traiter un problème à l'aide d'une substance: au contraire, la nature ne corrige-t-elle pas plusieurs problèmes concurremment à l'aide de plusieurs substances prises ensemble comme le fait une saine alimentation?

L'arthrite rhumatoïde est-elle guérissable? La réponse peut être oui mais la guérison dépend du cas car tant de facteurs jouent un rôle: sévérité, étendue, durée de la maladie, volonté du patient à se prendre en mains, environnement physique et humain, etc. De plus, compte tenu des formes multiples de cette maladie (il y en a plus de 100 types), la réponse au traitement va nécessairement varier beaucoup d'un cas à l'autre.

Malheureusement, le principal problème que confrontent beaucoup de patients est qu'ils en sont venus à considérer leur maladie comme un fait inéluctable. Ils ne développent pas la volonté suffisante de se prendre vraiment en mains et de changer des habitudes de vie nocives. Par chance, le livre de M. Labelle vient apporter de l'espoir au travers de tous ces bruits de fond. Puissent les hypothèses et explications apportées par ce livre amener plus de gens et de professionnels à réfléchir sur la genèse et le traitement de cette maladie.

Carol Vachon, Ph.D.
Consultant en nutrition.

INTRODUCTION

«L'histoire de la Science démontre d'une
manière indiscutable que les vrais progrès
révolutionnaires et importants ne sont pas
réalisés par des voies empiriques mais
grâce à de nouvelles théories.»

Jones B. Conant

Les recherches effectuées et les résultats
obtenus dans le traitement de l'arthrite rhumatoïde,
l'arthrite inflammatoire, la spondylite ankylosante,
la fibromyalgie, l'épicondylite, la rectite, etc. me
permettent d'affirmer que le contenu de cet ouvrage
apporte des réponses concrètes pour vaincre ces
maladies.

C'est suite à ma compréhension du stress
expliqué par Hans Selye et par d'autres chercheurs,
qu'est née la thérapie glandulaire. J'ai le plaisir de
constater, par les résultats obtenus, que Selye avait
raison. Il observait les résultats du stress sur des
cobayes, tandis qu'en rééquilibrant et en nourrissant
le système glandulaire, je vois des êtres humains
redevenir «normaux», comme ils me disent si
souvent. Ce ne sont pas des miracles, mais tout
simplement que les différentes glandes ont été
nourries et rééquilibrées convenablement.

Cette façon de comprendre le système glandulaire et son déséquilibre fut un cheminement

laborieux de plusieurs années de recherche, d'évaluation et d'observation sur mes clients(es) ainsi que sur moi-même.

Dans les années soixante, j'étais étudiant à la Faculté de pharmacie de l'université de Montréal. Mon goût pour la recherche s'est accentué davantage suite à la visite d'un centre de recherche avec d'autres étudiants. Je désirais alors faire de la recherche dans le domaine pharmaceutique. Mais la vie en a décidé autrement. J'étais malade et j'ai dû subir une opération à la colonne cervicale. La convalescence m'a empêché de poursuivre mes études. Ce n'était que partie remise. En 1971, je me rendis compte que je faisais de l'hypoglycémie. Suite à une thérapie naturopathique, je m'étais guéri de mes deux maladies arthritiques, mais plusieurs troubles émotionnels persistaient. J'ai donc commencé à suivre la thérapie hypoglycémique, riche en protéines et pauvre en hydrates de carbone, et a plusieurs suppléments. J'écrivais en 1972 le premier article au Québec sur l'hypoglycémie, intitulé «L'hypoglycémie et les troubles nerveux», paru dans une revue de santé. Je traitais mes clients(es) avec ce type de régime accompagné des suppléments appropriés à chaque cas. Pour ce qui est de mon cas, il y avait une amélioration générale mais j'avais toujours des réactions émotives disproportionnées face aux chocs que je recevais. Il en allait de même avec les personnes que je voyais en consultation.

Dans mes recherches, je me posais toujours les mêmes questions, à savoir: pourquoi, selon les écrits de recherche de l'époque, le pancréas réagissait-il toujours trop vite lors d'états hypoglycémiques? Et pourquoi le sucre blanc était-il toujours incriminé, et non pas d'autres aliments?

Ce fut Hans Selye qui m'aida, par les résultats de ses recherches, à comprendre qu'une glande puisse être perturbée dans son fonctionnement et dans son jeu hormonal. Entre autres, il mentionne: «Il y a toujours un maillon dans la chaîne glandulaire qui peut céder, on ne sait jamais quel maillon et quand il va céder», et cela peut se produire en présence d'un choc à n'importe quel moment.

Ensuite, Selye dit: «**Les maladies ne viennent pas de glandes malades, mais de trop d'hormones dans le sang.**» Si les maladies ne viennent pas de glandes malades, mais de trop d'hormones dans le sang, alors les maladies proviennent d'un dérèglement, d'une instabilité d'une glande.

Pendant toutes ces années de recherche, je suis parvenu à comprendre mon propre déséquilibre glandulaire, qui fut par la suite corrigé par une thérapie adéquate.

Au tout début des années 80, je commençais l'ébauche de mon premier livre sur le système glandulaire, intitulé «Si les glandes m'étaient contées» ou «L'hypoglycémie un dossier choc», qui parut en 1989. Mes recherches sur le déséquilibre glandulaire me permirent de constater que ce fameux déséquilibre glandulaire existait dans la plupart des maladies, car en rééquilibrant et en nourrissant par des suppléments appropriés certaines glandes bien ciblées, les maladies commençaient à régresser.

Dans ce volume, je prouve que les maladies rhumatoïdes et inflammatoires peuvent être traitées avec succès. Les résultats démontrent la justesse de la «thérapie glandulaire» ainsi que la justesse des recherches de Selye.

Les 80 doctorats honoris causa reçus par Selye lui furent remis par des gens oeuvrant dans les plus grandes universités du monde, y compris l'Université de Moscou. Il méritait d'être compris d'une manière globale; ses recherches furent reprises dans la plupart des universités et laboratoires dont les recherches portèrent sur le stress, mais ces travaux demeurèrent cloisonnés à des domaines bien précis. Il s'est battu toute sa vie pour faire admettre ses idées, ses vues, qui prônaient entre autres l'unicité du corps et l'importance du terrain.

Ses recherches furent applaudies dans le monde après vérification de ses expériences. Ces dernières sont restées cloisonnées dans chaque système, les relations hormonales et nerveuses entre les systèmes n'ont pas été approfondies. Ces systèmes sont: les systèmes nerveux sympathique et parasympathique, le système glandulaire, le système immunitaire; ces systèmes sont reliés au terrain: les organes, le cerveau, le circuit cardio-vasculaire. C'est l'unicité du corps. Selye y attachait une très grande importance. Il a dérangé beaucoup de monde dans sa vie. Pour mieux saisir sa pensée, voici ses propos: «On les (les facteurs conditionnants) a divisés en deux groupes: ceux qui sont propres à l'organisme (prédisposition héréditaire, modifications acquises antérieurement, c'est-à-dire le vécu du sujet, interventions chirurgicales, etc.) et ceux qui constituent des facteurs externes (tels l'alimentation, les facteurs sociologiques, la pollution atmosphérique)» Par facteur conditionnant, il entend «tout ce qui est susceptible de réaliser de nouvelles conditions comportant une modification de la réceptivité de l'organisme à tel ou tel agent.»

Voici les étapes scientifiques importantes qui nous concernent:

1 -Le stress (Hans Selye)

⇓

2 -L'inhibition de l'action (Henri Laborit)

⇓

3 -La psycho-neuro-immunologie

Ces trois étapes sont reliées entre elles, autant que nos propres systèmes (les systèmes nerveux, glandulaire, immunitaire, contrôlés par le cerveau) sont reliés entre eux par le jeu des hormones. Ce sont ces trois étapes qui me permirent d'établir les bases de la «thérapie glandulaire».

1) Selye nous a donné les premières grandes

bases scientifiques au niveau du système endocrinien, en écrivant le premier livre d'endocrinologie à paraître dans le monde en 1947, intitulé: «Texbook of endocrinology», Acta endocrinologica, publié par l'Université de Montréal.

2) Laborit a poursuivi ses recherches sur le stress qui lui ont permis d'énoncer sa théorie de l'inhibition de l'action.

3) À la suite des recherches de Selye et de Laborit, la psycho-neuro-immunologie est née. Ces recherches mentionnent entre autres que les neuromédiateurs fabriqués par les cellules du cerveau, ayant le sang comme véhicule, circulent partout dans le corps à la recherche de leurs récepteurs. Ce qui fait dire aux chercheurs, dont le Dr Perl, Ph.D., que nous ne sommes pas, par exemple, angoissés seulement dans la tête, mais partout dans notre corps. C'est donc le corps au complet, des pieds à la tête, qui devient angoissé. Leurs recherches démontrent très clairement les relations existant entre les neurotransmetteurs du cerveau, le système glandulaire et le système immunitaire.

Toutes les recherches appartenant à ces trois étapes prouvent l'unicité du corps.

Quelques mots pour tenter d'expliquer «l'inhibition de l'action» de Laborit, tirés de son livre du même nom: «L'observation d'un organisme, quel que soit le niveau d'organisation auquel on s'adresse de la molécule à son comportement, montre que les choses commencent à se gâter quand cette action devient impossible... L'action permet à un organisme de maintenir sa structure en transformant l'environnement au mieux de sa survie. Quand l'action est impossible, l'inhibition de l'action permet encore la survie. Parce qu'elle évite parfois la destruction, le nivellement entropique avec l'environnement. C'est en ce sens que la «maladie» sous toutes ses formes peut être considérée comme un moindre mal, comme un sursis donné à l'organisme avant de disparaître.»

L'inhibition de l'action, c'est:

1) l'incapacité des cellules d'accomplir correctement certaines réactions biochimiques;

2) l'incapacité de certains systèmes d'opérer ou de travailler comme il le faut;

3) l'incapacité du cerveau d'agir sans faille au niveau de certaines aires cérébrales.

L'inhibition de l'action se passe à tous les niveaux: cellulaire, tissulaire, glandulaire, organique, cérébral et comportemental.

Le dérèglement d'une glande (non malade) conduit inévitablement au déséquilibre du syndrome général d'adaptation (S.G.A.), que j'ai nommé le «syndrome général de désadaptation ». Ce dérèglement amène automatiquement l'hypoglycémie, avec ses baisses de sucre plus ou moins rapides.

Les baisses de sucre sont, à mon avis, les pires chocs ou agressions qu'un être humain puisse recevoir: elles occasionnent des perturbations cérébrales et glandulaires. Ces chocs déclenchent immanquablement la mise en marche des glandes, appelé stress. J'ai baptisé cet ensemble de réactions: «le mouvement physiologique perpétuel». Ce déséquilibre glandulaire et hormonal entraînera différentes maladies dont les arthrites rhumatoïdes et inflammatoires ainsi que les maladies inflammatoires.

Tout au long de ce livre, nous étudierons: le système glandulaire, le Syndrome Général d'Adaptation (S.G.A.) avec les explications du stress de Selye, le dysfonctionnement glandulaire ainsi que l'inflammation et sa cause. Plusieurs témoignages vous seront également présentés.

Chapitre I

LE SYSTÈME ENDOCRINIEN

> «Victime d'une éducation mal conçue,
> l'homme vit en marge des lois de la
> Nature. Il se nourrit stupidement et
> s'intoxique sans cesse le corps et l'esprit.»
> Docteur Paul Carton M.D.

Il y a deux types de glandes: exocrines et endocrines. Les glandes exocrines envoient leurs produits dans les cavités du corps ou à la surface du corps, par exemple les glandes sudoripares. Les glandes endocrines fabriquent les hormones et celles-ci sont transportées par le sang.

Voici les composantes du système glandulaire: l'hypothalamus, l'hypophyse, la thyroïde, les parathyroïdes, le thymus, le pancréas et les glandes sexuelles.

L'HYPOTHALAMUS

L'hypothalamus est situé à la base du cerveau dans la zone limbique (zone des émotions). Il reçoit les informations provenant des organes des sens. C'est un ordinateur qui centralise les informations et donne ensuite ses ordres pour chaque situation. C'est le centre régulateur du système nerveux autonome, lequel prend naissance dans l'hypothalamus pour continuer dans la moelle épinière et le reste du corps. Il contrôle les sécrétions d'adrénaline et de noradrénaline de la médullosurrénale. Il régularise le système cardio-vasculaire, la température corporelle et l'activité de l'hypophyse. Il contient le centre de la faim, de la satiété et de la soif.

Quel que soit le type de choc, c'est l'hypothalamus qui déclenche le stress.

L'HYPOPHYSE

L'hypophyse (d'abord appelée glande pituitaire) est reliée à l'hypothalamus par un système vasculaire (hypothalamo-hypophysaire). C'est une petite glande qui joue un rôle très important: certaines de ses hormones agissent directement sur la biochimie cellulaire, tandis que d'autres vont stimuler des glandes endocrines.

Voici les hormones que l'hypophyse antérieure sécrète:

° l'hormone de croissance ou somatotrophine (STH), qui est produite durant toute la vie. La production de l'hormone de croissance diminue après l'adolescence mais n'arrête pas. Sa sécrétion augmente et diminue nettement d'un jour à l'autre. Fait important à signaler: **un déficit nutritionnel généralisé peut amener une**

augmentation marquée de la sécrétion d'hormone de croissance;

° la thyréostimuline (TSH), hormone qui contrôle la synthèse et la sécrétion d'hormones par la glande thyroïde;

° la corticostimuline ou corticotrophine (ACTH), qui contrôle la sécrétion des hormones de la région corticale des glandes surrénales. Cette hormone augmente donc le nombre des cellules du cortex surrénal et active la production d'hormones corticosurrénales;

° l'hormone folliculostimulante (FSH), qui déclenche la croissance des follicules des ovaires. Elle détermine aussi la sécrétion par les ovaires des oestrogènes, hormones sexuelles féminines. Chez l'homme, l'hormone folliculostimulante favorise le développement des spermatozoïdes;

° l'hormone lutéinisante (LH), qui, chez la femme, stimule l'ovulation et la formation du corps jaune, et conjointement avec les oestrogènes, prépare l'utérus à la nidation et prépare les glandes mammaires à sécréter le lait. Chez l'homme, la LH stimule les testicules à développer et à produire la testostérone;

° l'hormone prolactine ou lutéotrope (PRL), qui détermine, entre autres, la sécrétion du lait par les glandes mammaires, en collaboration avec d'autres hormones;

° l'hormone mélanotrope ou mélanostimulante (MSH), qui augmente la pigmentation de la peau en stimulant la dispersion des granules de mélanine dans les mélanocytes. En l'absence de cette hormone, la peau peut être pâle. Un surplus d'hormone mélanotrope peut produire une peau foncée.

Le lobe postérieur de l'hypophyse (ou neurohypophyse) emmagasine et libère deux hormones produites par l'hypothalamus:

° l'ocytocine (OT), qui stimule la contraction de l'utérus et influence l'éjection du lait;

° l'hormone antidiurétique ou vasopressine (ADH), qui a un effet sur le volume urinaire (diurèse). Elle amène les reins à éliminer l'eau de l'urine nouvellement produite et à la retourner dans la circulation sanguine, ce qui réduit le volume urinaire. Elle peut élever la pression artérielle.

LA THYROÏDE

La thyroïde est la plus grosse des glandes endocrines, à l'exception du foie. Elle est située à la partie antérieure du cou, sous la «pomme d'Adam».

Ses principales hormones sont des hormones iodées: thyroxine (T_4) et triiodothyronine (T_3). Les hormones thyroïdiennes aident à l'absorption intestinale des sucres, et à la production de glucose à partir du glycogène. Elles ont un rôle à jouer dans le métabolisme des lipides (corps gras) en diminuant les réserves graisseuses et le cholestérol sanguin. Elles activent le métabolisme des protides (protéines) et augmentent la diurèse (l'élimination de l'urine par les reins). Les hormones thyroïdiennes régularisent l'activité du système nerveux, exercent une action sur le système cardio-vasculaire et augmentent l'activité de la cortico-surrénale.

La thyroïde sécrète également la calcitonine (CT) qui favorise l'absorption du calcium par les os.

LES PARATHYROÏDES

Les parathyroïdes sont au nombre de quatre. L'hormone parathyroïdienne est la parathormone. Elle circule dans le sang et permet l'élévation de la calcémie (taux de calcium) et l'abaissement de la phosphorémie (taux de phosphore).

Toute baisse de calcium sanguin entraîne la libération de parathormone dans le sang. Une carence en magnésium entraîne le même effet.

LE THYMUS

Le thymus sécrète plusieurs hormones: la thymosine, le facteur humoral thymique, le facteur thymique sérique et la thymopoïétine. Ces hormones favorisent la maturation des lymphocytes T. Plus de détails seront présentés au chapitre du système immunitaire.

LE PANCRÉAS

Le pancréas est composé des îlots de Langerhans, formés de deux sortes de cellules: A et B. L'insuline est formée dans les cellules B.

L'insuline a pour effet d'abaisser la glycémie. Le manque d'insuline dans le sang cause le diabète, tandis que l'augmentation de l'insuline dans le sang cause l'hypoglycémie.

Le glucagon est produit par les cellules A. Il provoque une élévation de la glycémie mais il n'arrête pas l'utilisation du glucose. Il agit également comme puissant stimulateur de la sécrétion d'insuline par les cellules B des îlots de Langerhans.

LES SURRÉNALES

Les surrénales sont situées au-dessus de chaque rein. Chacune est formée de deux parties: la corticosurrénale et la médullosurrénale.

La corticosurrénale fabrique les hormones suivantes:

° les glucocorticoïdes, dont le cortisol, qui est sous l'étroite dépendance de la sécrétion d'ACTH par l'hypophyse. Le cortisol intervient dans le métabolisme des glucides. Il augmente le cholestérol et les phospholipides (autres corps gras) du sérum.

Ces hormones combattent la réaction inflammatoire et favorisent la résistance au stress;

° les minéralocorticoïdes, dont l'aldostérone, qui augmentent les taux de sodium et d'eau dans le sang, et favorisent l'élimination du potassium par l'urine.

La médullosurrénale a pour rôle d'assumer la survie de l'organisme dans les états critiques. Les facteurs critiques qui peuvent déclencher leurs sécrétions sont entre autres: les efforts musculaires, les chocs émotifs, tout genre de pollution, les odeurs de produits chimiques, les excitants alimentaires, la nicotine, etc. La médullosurrénale sécrète deux hormones:

° l'adrénaline (environ 80%) qui a plusieurs effets sur l'organisme. En voici quelques-uns: elle reproduit les effets de la stimulation des nerfs sympathiques, elle active les contractions du coeur et en accélère le rythme. L'adrénaline agit sur le foie en libérant le glucose et, en retour, déclenche une libération d'insuline.

° la noradrénaline qui a sensiblement les mêmes effets que l'adrénaline.

LES GLANDES SEXUELLES

Les testicules produisent l'hormone testostérone. Ils sont formés de tubes séminifères où sont fabriqués les spermatozoïdes. La testostérone permet la différenciation sexuelle masculine et influence le système pileux (la barbe, la moustache, les poils sur les membres et le thorax).

Les ovaires produisent les hormones sexuelles femelles responsables du développement et du maintien des caractères sexuels secondaires féminins. L'ovulation sera produite par l'ovaire droit et par l'ovaire gauche d'un mois à l'autre. Les hormones ovariennes sont:

° les oestrogènes (appelées folliculines), que l'ovaire produit principalement au début du cycle menstruel (appelé phase folliculaire);

°la progestérone, qui est sécrétée pendant la deuxième phase du cycle menstruel par le corps jaune et pendant la grossesse.

LES HORMONES

W.D. Mc Andle, F. Katch et V. Katch: «Le système endocrinien se compose d'un organe hôte (glande), d'une quantité infime de messagers chimiques appelés hormones et d'un organe cible ou récepteur.»

«La principale fonction des hormones est de modifier le rythme des réactions cellulaires. Cela s'accomplit:

1) en changeant le taux de synthèse des protéines intracellulaires,

2) en modifiant le rythme de l'activité enzymatique,

3) ou en influençant le transport membranaire cellulaire.»

Par ces actions, les hormones remplissent leur rôle: maintenir l'homéostasie.

Les hormones sont classifiées en trois groupes principaux: les amines, les protéines et peptides et les stéroïdes. Les amines sont dérivées de l'acide aminé tyrosine (ex.: triiodothyronine, thyroxine, adrénaline, noradrénaline). Les protéines et les peptides sont composés de chaînes d'acides aminés et sont hydrosolubles (ex.: ocytocine, insuline, calcitonine). Les stéroïdes sont dérivés du cholestérol et sont liposolubles (ex.: aldostérone, cortisol, testostérone, oestrogène, progestérone).

L'hormone est donc libérée et transportée dans le sang jusqu'aux cellules-cibles. Les membranes de ces cellules-cibles possèdent des récepteurs prêts à recevoir et à fixer ces hormones. Chaque genre d'hormones a un récepteur spécifique, ce qui veut dire qu'une hormone ne peut être reçue que par son récepteur respectif; c'est la clé et la serrure.

L'accélération ou la décélération des réactions chimiques par une hormone résulte de son action au niveau d'un récepteur d'une cellule spécifique, en vue de modifier le rythme d'activité d'enzymes spécifiques.

Les hormones polypeptidiques interagissent généralement avec les récepteurs au niveau de la membrane cellulaire. La liaison d'une hormone avec son récepteur peut modifier la perméabilité de la cellule cible vis-à-vis d'un métabolite donné ou même modifier l'aptitude de la cellule à synthétiser certaines substances intracellulaires (en particulier des protéines). Cela affecte le niveau de fonctionnement cellulaire. Lorsqu'une hormone atteint une cellule-cible, elle agit comme «premier messager» et réagit avec une enzyme présente au niveau de la membrane cellulaire, l'adényl cyclase. Cette réaction transforme l'ATP en AMPcyclique dans le cytosol de la cellule. L'AMPcyclique agit alors comme «second messager» et exerce son influence sur le fonctionnement cellulaire.

Chapitre II

EXPLICATION DU STRESS

«Le stress est un mécanisme fait pour nous sauver la vie mais qui peut aussi engendrer en nous la plupart des maladies.»

Frédéric Vester

À l'origine, le stress était quelque chose de tout à fait naturel: il permettait à l'organisme de mobiliser en quelques secondes toutes ses réserves d'énergie pour fournir un surplus d'effort. Mais malheureusement, les agents stressants auxquels nous devons faire face sont de plus en plus nombreux. Ces agressions quotidiennes perturbent nos fonctions biologiques et épuisent nos réserves vitales; cela constitue une véritable catastrophe physiologique.

LES AGENTS STRESSANTS

Notre corps est soumis à un véritable bombardement d'agents stressants si rapprochés qu'il est constamment en état d'alerte et, ainsi, les moments de détente nécessaires pour refaire ses forces sont de plus en plus rares. Il devient impossible à l'être humain des pays dits civilisés de trouver le calme nécessaire pour refaire ses forces. Il en résulte des êtres très agressifs, tendus, nerveux, incapables de se détendre. Notre système glandulaire est complètement déréglé par: 1) les centaines de produits chimiques tels que les colorants, les stabilisants présents dans l'alimentation; 2) les nombreux excitants alimentaires comme le thé, le café, le chocolat, les boissons gazeuses, les boissons alcoolisées, le sucre blanc raffiné; 3) les centaines d'agents stressants de l'environnement.

Le Docteur Soly Bensabat, lorsqu'il a écrit «Le stress c'est la vie», était ancien externe des hôpitaux de Paris et directeur médical au Centre médical François 1er, un centre de médecine préventive et d'étude de stress à Paris. Ce chercheur décrit d'une manière simple les effets nocifs des chocs pour l'organisme. Son énumération des chocs pourrait nous surprendre car nous ne pensons pas ou ne savons pas, qu'effectivement, certains faits, certaines situations nous font mal. Ainsi, il devient évident que nous devons les connaître, afin de les éliminer le plus possible. Je me suis permis de vous en faire une brève énumération:

° Stress physique: bruit, température, problèmes dentaires.
° Stress du mode de vie: tout changement dans notre vie est facteur de stress. Le stress des villes, en faire trop ou pas assez, la solitude et l'isolement, les insatisfactions.

° Stress de l'hygiène de vie: notre façon de vivre dépend de nous. Et le moins que l'on puisse dire est que beaucoup ne se ménagent pas. Tabac, café, alcool: le trio infernal. Nourrir son corps, c'est nourrir son cerveau. Les aliments stresseurs: sucre, graisses saturées, protides, sel et sauces en excès.

° Stress psychologique: chaque fois que l'on est insatisfait de soi, de sa vie, contrarié, contraint, humilié, incompris, bafoué. Il y a stress psycho-émotionnel chaque fois que la relation humaine devient difficile, pesante, conflictuelle, tendue.

° Stress professionnel: chômage, faillite ou échec, contrôle fiscal, inadaptation professionnelle. Les pressions psychologiques intenses, le surmenage, le poids des responsabilités, la surstimulation ou sous-stimulation, prévoir, décider, subir. Et encore: les conflits relationnels, les difficultés de communication, une mauvaise gestion du temps, les promotions trop rapides, les voyages trop fréquents, le travail de nuit.

° Stress relationnel: dominant-dominé, inhibition de la réaction, absence d'affirmation de soi, angoisse, phobies, négativisme, complexes.

° Stress conjugal ou familial: l'échec conjugal, le conflit conjugal, le divorce, le veuvage.

° Stress provoqué par la maladie, par le deuil.

Soly Bensabat a relevé un point très important,

que l'on a tendance à passer sous silence: la frustration affective ou sexuelle. Voici ses propos: «La tendresse et l'amour sont les fondements mêmes du mariage. Leur absence devient vite un non-sens, une frustration surmontable seulement au prix d'une abnégation totale et d'une souffrance psychologique responsable de troubles psychosomatiques ou du sommeil, de fatigue, de nervosité, d'anxiété, de manque d'enthousiasme. L'activité sexuelle est source d'équilibre, et provoque la sécrétion par le cerveau d'hormones calmantes et euphorisantes. L'affection protège contre les mauvais stress, les ennuis, les difficultés de la vie. Une étude israélienne a montré que dans un groupe de gens ayant eu un infarctus du myocarde, ceux qui bénéficiaient d'un soutien affectif présentaient deux fois moins de cas de récidive.»

«L'enfant a besoin de baisers, de caresses, d'une affection prouvée, montrée. L'adulte aussi. Les troubles psychologiques de l'adolescence ou de l'âge mûr ne sont souvent que l'expression de cette frustration. En ce sens, l'indifférence est sans doute un des maux majeurs qui puisse affecter un couple.»

«L'être humain a besoin d'attention, de considération et même d'admiration pour calmer son angoisse et ses inquiétudes. Le soutien moral et psychologique du conjoint est bienfaisant, encourageant, réconfortant et pallie bien des stress professionnels ou relationnels. Si l'autre nous néglige, nous devenons agressifs, renfermés, et vulnérables à toutes les agressions quotidiennes.»

«Le mauvais stress c'est aussi le stress où la réponse d'adaptation est déséquilibrée, dysharmonieuse, excessive ou insuffisante par rapport à la demande et où l'énergie n'est pas consommée, elle est stockée. C'est le stress «rentré». Et c'est lui que constituent aujourd'hui les nombreuses agressions physiques et psycho-émotionnelles.»

En présence de ces nombreux agents stressants, comment peut-on vivre dans le calme, la joie, la sérénité alors que notre système glandulaire hyper-stressé risque d'exploser d'un moment à l'autre?

Sans faute, nous devons changer notre mode de vie. Heureusement, certains ont compris que l'industrialisation est allée trop loin et qu'elle a littéralement piégé l'homme. Ils se sont alors tournés vers la nature car c'est la nature qui nourrit et c'est elle qui peut guérir. Nous sommes les enfants de la nature et non des produits chimiques.

Les centaines de perturbateurs ou d'agents stressants qui nous agressent ne sont pas conformes aux lois de la nature. Notre organisme est construit pour se soumettre aux lois de la vie. Il est nécessaire de vivre en harmonie avec ces lois et de cesser de lutter contre elles.

Les troubles les plus connus affectent le système cardio-vasculaire, le système nerveux et le système endocrinien. Il est certain que le système nerveux soumis à des stimulations anormales et répétées devient de plus en plus sensible et réactif aux chocs. À la longue, la libération d'une quantité même normale de médiateurs chimiques devient responsable d'une réponse exagérée qui perturbe tout l'équilibre nerveux. La responsabilité du stress émotionnel apparaît donc évidente dans nos maladies dites de civilisation. La répétition des agents stressants entraîne des décharges exagérées d'adrénaline et une augmentation des anomalies du comportement: réactions explosives et inadaptées, fuites, crises convulsives ou au contraire attitudes figées. Les réactions de l'hypothalamus s'en trouvent perturbées. À longue échéance, il se crée un circuit pathologique. Par «feed-back» ou rétroaction, le déséquilibre glandulaire agit en retour sur les centres nerveux. **C'est le mouvement physiologique perpétuel.**

La zone limbique ou zone des émotions du cerveau est soumise à toutes les influences de notre environnement. Même pour un individu dont le système glandulaire est équilibré, ces stimulations répétées sont dangereuses. Par conséquent, le seuil de capacité des régulations nerveuses ne doit pas être dépassé. Plus l'individu sera stimulé par des excitants, son environnement ou son système nerveux sympathique et ses glandes endocrines, plus son corps recevra de l'ACTH, et plus il lui sera difficile de se contrôler, puisque l'état de stress s'installera en permanence; selon la vitalité de chacun, une glande de la chaîne glandulaire pourra céder à la surstimulation, forçant, par le fait même, les autres glandes à accomplir plus de travail.

Frederic Vester: «Mais il arrive aussi dans des cas tout à fait normaux qu'une glande surrénale surmenée ou dégénérée permette à l'hypophyse de produire une quantité anormale d'ACTH. Les stimuli stressants continuent en effet d'agir sur le cerveau, provoquant donc la production d'ACTH qui n'est plus freinée ou stoppée par la présence de cortisone et la glande surrénale ne peut plus produire parce qu'elle est fatiguée ou endommagée.»

LE SYNDROME GÉNÉRAL D'ADAPTATION (S.G.A.)

Des messages allant de l'hypothalamus à l'hypophyse et de cette dernière aux surrénales activent la synthèse de la libération de glucocorticoïdes. Puis, quand un certain taux d'hormones dans le sang est atteint, l'hypothalamus envoie un signal à l'hypophyse afin que celle-ci cesse d'envoyer des messages aux surrénales. C'est une réaction d'adaptation. En période de tension et d'efforts continus, ce sont les hormones cortisurrénales qui fournissent l'énergie nécessaire. Un message (ACTH) provenant de l'hypophyse provoque une production accélérée d'hormones, comme la cortisone qui met l'organisme en état d'alerte, favorise la transmission nerveuse et libère le glucose provenant du foie.

Le système nerveux sympathique entre en jeu chaque fois qu'un choc se produit. C'est Hans Selye qui découvrit la réaction des glandes endocrines au stress. Il appela l'ensemble de toutes ces réactions **«le syndrome général d'adaptation»**

Le syndrome général d'adaptation permet au système nerveux, aux glandes endocrines ainsi qu'à certains organes de s'adapter à l'environnement et aux réactions constantes de l'organisme. C'est l'agression et la riposte à l'agression. Quelle que soit la force ou la violence de l'agent stressant, il y a un état qui commande la libération d'adrénaline (stress aigu) et ensuite de cortisone (stress chronique). Selon Selye, le stress est une défense active de l'organisme qui se déroule en trois phases:

1- **«La phase d'alarme** amène les troubles suivants: tachycardie, hypotension, hypothermie, brûlures d'estomac, etc. L'adaptation n'est pas encore acquise.

2- **La phase de résistance** où les systèmes nerveux et hormonal essaient de faire face à l'agent stressant et à ses troubles. Ceci aura pour conséquence une diminution de l'activité de l'ensemble des systèmes, l'organisme étant mobilisé pour répondre à l'agresseur. Par exemple, le système digestif comprenant le foie, l'estomac, les reins et les intestins, fonctionnera au ralenti. L'adaptation est maximale.

3- **La phase d'épuisement** est une phase dont il est difficile mais possible de se remettre. L'adaptation faiblit et disparaît. En temps normal, nous ne dépassons pas les deux premières phases lorsque nous réagissons au bruit, à une bagarre, à un effort physique ou intellectuel.»

Lisez bien cet extrait de Pierre De Latil: «Regardons, à titre d'exemple des manifestations de stress, l'evolution du sucre dans le sang chez un sujet qui subit une agression. D'une part, cette évolution est facile à mesurer; d'autre part, elle est caractéristique du processus d'adaptation.»

«Sous le coup de l'agression, le taux de sucre monte d'abord légèrement puis baisse rapidement; puis très vite, il atteint un niveau nettement plus élevé que dans l'organisme non perturbé. C'est la phase d'alarme. Mais, bientôt, voici la phase de résistance: le taux de sucre, quelque peu redescendu, se stabilise à un niveau supérieur à la normale. L'organisme s'est adapté à la situation.

«Cependant, il s'épuise dans ce travail d'adaptation. Brusquement, tôt ou tard, c'est l'épuisement: le taux de sucre s'effondre à un niveau bien trop bas et les cellules ne reçoivent plus assez d'alimentation.»

«Pour comprendre la richesse des notions qu'il nous propose au cas particulier de l'entraînement sportif. L'effort d'abord fatigue: c'est la phase d'alarme; puis c'est le second souffle et à la longue échelle, c'est l'entraînement, phase d'adaptation; enfin, trop d'efforts mènent au surentraînement, au surmenage: phase d'épuisement.»

«Mais la plus grande richesse de la physiologie du stress ne réside pas dans les idées générales, si séduisantes soient-elles. Elle est, au contraire, dans le détail des interactions, des rétroactions, des intrications physiologiques qui se mettent à jouer dans l'organisme dès qu'il subit une agression compromettant ses délicats équilibres.»

La vie moderne soumet continuellement le système sympathique à rude épreuve, et tous les agents stressants qui l'assaillent sans cesse, souvent au-delà de ses forces, finissent par causer un déséquilibre et une défaillance des glandes endocrines.

Ainsi sollicité à outrance, le système sympathique, dont la fonction est de maintenir l'homéostasie de l'organisme, devient un facteur de déséquilibre des glandes endocrines, causant ainsi l'hypoglycémie. Donc, ces mêmes hormones qui servent à maintenir la santé de notre corps voient leur équilibre bouleversé autant par le système sympathique que par les effets de notre alimentation inadéquate.

Les réactions glandulaires sont complexes. Voici, de façon simplifiée, ce qui se passe lorsque l'organisme reçoit un choc:

1- Agent stressant (choc ou agression)
↓

2- Réception de l'agent stressant par le système nerveux sympathique
↓

3- Le système sympathique envoie le message à la zone limbique
↓

4- Le choc est analysé très rapidement: le stress sera déclenché ou non.

↓

5- Par les influx du système sympathique, la médullosurrénale sécrète l'adrénaline et la noradrénaline. C'est la réaction d'alarme (accélération de la fréquence cardiaque, conversion du glycogène en glucose dans le foie, transpiration, dilatation des conduits bronchiques, réduction de la production d'enzymes digestives, réduction de la production d'urine).

↓

6- Si l'agression ou l'agent stressant persiste, c'est le début du stress chronique: l'hypothalamus sécrète alors les stimulines spécifiques vers l'hypophyse.

↓

7- L'hypophyse, ainsi stimulée, libère un surplus d'ACTH, de STH et de TSH.

↓

8- L'ACTH active les corticosurrénales, qui sécrètent les minéralocorticoïdes (rétention de sodium) et les glucocorticoïdes (activation de la gluconéogenèse et réduction de l'inflammation).

↓

9- La STH va au foie et celui-ci augmente la glucogénolyse, le catabolisme des graisses et permet la fabrication des facteurs de croissance dont le IGF-1.

10- La TSH va stimuler la glande thyroïde: elle sécrète plus de thyroxine, ce qui augmente le catabolisme des glucides.

↓

11- Si le stress se poursuit, le pancréas déverse plus d'insuline en réponse à l'augmentation du taux de sucre sanguin, ce qui occasionnera des baisses de sucre sanguin.

↓

12- Le taux de sucre sanguin ayant diminué, l'hypothalamus réagit et déclenche à nouveau le stress.

Selon la force vitale de chaque glande, le déséquilibre glandulaire apparaîtra plus ou moins rapidement; cela peut prendre de nombreuses années À partir de cet instant, l'organisme est engagé dans le stress perpétuel et cela ouractive le système nerveux sympathique. Essayez d'imaginer les problèmes que subit un organisme ainsi agressé par son propre système glandulaire et par les agents stressants extérieurs.

Lorsque l'être humain est appelé à accomplir un effort extraordinaire, la provision de sucre est rapidement mobilisée et l'énergie ainsi libérée est monopolisée de façon à assurer sa protection et l'aider dans sa fuite ou dans toute autre réaction de survie. Un problème ou une surexcitation de ce système résultera en une diminution de la provision de sucre.

Voici une définition des étapes menant à l'hypoglycémie:

Agent stressant

Il peut provenir des excitants alimentaires, de la pollution de notre environnement, de nos pensées négatives, en somme de tout ce qui nous fait mal.

Stress

Le stress, une forme de pollution s'il est constamment répété, est une défense active de l'organisme qui cherche à neutraliser les effets nocifs provenant d'un agent stressant. Le stress conduit aux réactions du syndrome général d'adaptation qui est apparenté à toute demande que le corps reçoit.

Syndrome général d'adaptation

Le syndrome permet au système nerveux et aux glandes endocrines de nous adapter à notre environnement, à notre alimentation et aux réactions constantes de notre organisme. Le syndrome peut durer très longtemps, mais à la longue, à cause de la faiblesse d'un maillon glandulaire qui cède, il conduit à l'hypoglycémie.

Hypoglycémie

La tension intérieure ne peut sortir. Tout cela provient, bien sûr, du trouble fonctionnel d'une ou de plusieurs glandes. Le système glandulaire excite le système nerveux qui, à son tour, excite le système glandulaire. *C'est le mouvement physiologique perpétuel.* Ce qui engendre les maladies physiques, les maladies psychiques et la violence sous toutes ses formes (physique et morale).

Nous venons de voir que toutes les agressions provoquent un état de stress, mais l'un des chocs les plus importants que subit notre organisme est le manque de glucose sanguin. Le glucose est le combustible premier de notre organisme; il lui fournit l'énergie afin d'accomplir ses activités. Le manque de glucose sanguin est un choc hypocrite car il provient de l'intérieur. En général, nous ne le percevons pas mais il s'ajoute aux autres chocs que nous subissons. Et c'est le plus cruel, car nous devons le subir, le supporter presque vingt-quatre heures sur vingt-quatre.

Selye: «Le S.G.A. touche l'organisme tout entier; il correspond au syndrome de stress, c'est-à-dire à la réponse apportée au stresseur et qui se traduit par un ensemble de modifications biologiques responsables des différentes manifestations symptomatiques fonctionnelles et organiques»

«Nous sommes d'abord en état d'alarme et éprouvés, ensuite il y a une adaptation de l'organisme»

En premier lieu survient le stress aigu où il y a une menace immédiate demandant une réaction immédiate. En deuxième lieu apparaît le stress chronique, qui est soutenu et prolongé et peut faire suite, s'il y a lieu, au stress aigu.

Lors d'un stress aigu, l'adrénaline et la noradrénaline de la médullosurrénale entrent en jeu; lors du stress chronique, c'est la présence de corticoïdes qui augmente, en provenance de la corticosurrénale.

Le stress chronique est un stress général qui place l'organisme en déséquilibre, celui-ci pouvant occasionner beaucoup de maladies dites «d'adaptation».

Soly Bensabat: «Le stress aigu correspond à une agression la plus souvent violente, physique ou psycho-émotionnelle, mais limitée dans le temps. La réponse de l'organisme est, elle aussi, immédiate, violente et intense. C'est une réponse de survie.»

«Le stress chronique correspond à des agressions violentes ou le plus souvent modérées, mais répétées et rapprochées dans le temps, exigeant une adaptation fréquente. C'est la somme de petits stress, constituant à la longue une dose totale excessive dépassant le seuil de résistance...» «Le stress chronique entraîne, quant à lui, un épuisement psychologique et glandulaire progressif responsable des maladies dites d'adaptation.»

Que le stress soit aigu ou chronique, la réponse de l'organisme sera biologique, physique, émotionnelle et se répercutera au niveau de l'équilibre biochimique, ainsi qu'aux différents métabolismes.

Chapitre III

DYSFONCTIONNEMENT GLANDULAIRE

«Le dysfonctionnement des hormones du stress peut, à la longue, provoquer de véritables maladies du stress.»

Soly Bensabat

Voici les propos de Soly Bensabat, tiré de son livre «Le stress c'est la vie»: «Le Syndrome Général d'Adaptation se compose de trois phases: l'alarme, la résistance et l'épuisement.»

1- «La phase d'alarme: Les signaux d'alerte du stress: les symptômes de phase d'alarme sont fonction du tempérament -le calme, c'est évident, manifestera moins que le nerveux- et du degré de l'effet de surprise: on réagit plus fort, et en tout cas plus spontanément, à quelque chose qu'on n'attend pas. On peut s'agiter, perdre son contrôle, crier, ou au contraire ne plus savoir que faire, être prostré, rougir ou pâlir, avoir un malaise, une chute ou une élévation brutale de tension, la bouche sèche, la respiration et les battements du coeur rapides, être saisi d'une crise d'angoisse ou de panique, avoir un noeud à l'estomac, une douleur fulgurante au ventre ou une envie brutale d'aller à la selle... tous les symptômes traduisant le désarroi, psychologique ou physiologique, sont possibles et plus ou moins violents selon les circonstances, ou plus exactement selon le degré de maîtrise que l'on a de la situation. Cette phase de détresse, provoquée par une agression imprévue, peut durer quelques minutes ou plusieurs heures pendant lesquelles le système biologique de défense intervient dans l'urgence pour assurer «la survie» ou plus généralement l'équilibre du milieu intérieur.»

2- «La phase de résistance: on s'habitue à tout, même au stress -tant que l'agression persiste, l'organisme résiste par un jeu complexe de modifications métaboliques et de sécrétions hormonales excessives, c'est-à-dire supérieures au niveau physiologique habituel. Comme un moteur en surchauffe, les fonctions naturelles s'emballent. Conséquence inévitable: les organes souffrent, et si cette phase de résistance se prolonge, on peut constater des lésions au coeur ou à l'estomac, une baisse des défenses immunitaires, ou des problèmes dermatologiques, articulaires...»

«Pendant cette phase, la vulnérabilité au stress est plus grande, la résistance s'effrite et l'adaptation simultanée à plusieurs stress devient moins efficace. Une période de deuil, de divorce, de chômage ou de longue maladie, par exemple (j'ajouterai tous les chocs successifs provenant de l'extérieur, de notre alimentation, de nos pensées), correspond à une phase de résistance. Si d'autres facteurs de stress surviennent au même moment, l'effet cumulatif les rendra plus difficilement supportables. Il est des limites à la capacité humaine de résistance; nul ne peut combattre sur tous les fronts, et la fameuse «loi des séries» a fait bien des victimes.»...

« C'est pendant que l'individu est tout entier mobilisé pour se défendre et résister qu'apparaissent les troubles dus au stress. Généralement, ils cessent lorsque la cause elle-même disparaît. Mais si l'agression se prolonge, si le stress n'est pas soudain mais chronique, les troubles s'installent et deviennent permanents.»

C'est le début du dysfonctionnement glandulaire, l'individu va vers la phase d'épuisement.

3- «La phase d'épuisement: la défaite. La phase d'épuisement est la phase terminale de la lutte de l'homme contre le stress. La capacité de résistance de l'organisme s'effondre. L'individu n'a plus de forces, ni psychologiques ni biologiques, pour faire face. C'est la phase d'usure. Alors apparaissent les maladies graves...»

«Ce que l'on vit au quotidien, c'est une répétition, une succession de phases d'alarme et de petites phases de résistance. Certains le supportent très bien mais le plus souvent, lorsqu'on est agressé physiquement ou psychologiquement, on accuse le coup. Puis on «réagit», c'est-à-dire qu'on s'adapte, bon gré mal gré, on s'accommode comme on peut. On prend l'habitude de ne pas vivre très bien, de vivre triste, speedé, frustré, malheureux. On entre ainsi dans un processus de rumination psychologique, qui perpétue l'agression, donc la phase de résistance et le dysfonctionnement des sécrétions hormonales.»

Bensabat de continuer: «La durée ou le caractère répétitif du stress sont évidemment les causes premières de troubles ou de maladies.»

«Les facteurs conditionnants (propres à chaque individu) modifient l'efficacité des réponses neuro-hormonales de défense de l'organisme, la qualité et la quantité de sécrétion d'adrénaline et de corticoïdes entre autres.»

LES CHOCS AVANT L'APPARITION DE LA MALADIE

Lorsqu'une personne se présente en consultation, je pose toujours la question suivante: Avez-vous subi un choc avant l'apparition de votre maladie? Que ce soit l'arthrite rhumatoïde, le rhumatisme inflammatoire, la fibromyalgie, ou toute autre maladie, la réponse est presque toujours oui.

Voici quelques exemples de chocs:
a) des problèmes dans l'enfance, ou encore accouchement difficile,
b) une mauvaise nouvelle,
c) une fatigue importante causée par un travail qui a duré plusieurs mois,
d) un divorce,
e) une forte querelle entre conjoints,
f) une alimentation inadéquate.

Quelques mois après un fort choc, l'arthrite peut apparaître, soit à une seule articulation, à quelques articulations ou être généralisée.

Selye: «Existe-t-il ce qu'on appelle des «maladies d'adaptation»? La réponse dépend de la définition de ces «maladies d'adaptation». Aucune maladie n'est exclusivement causée par l'inadaptation, mais des dérèglements de nos mécanismes d'adaptation jouent un rôle décisif dans le développement de nombreuses maladies»

Un fait est indéniable: le déséquilibre glandulaire, indétectable par les analyses de sang et d'urine, s'identifie seulement par ses réactions physiologiques et émotionnelles. Tout au long de ce chapitre, nous allons étudier ces réactions au niveau de certaines glandes.

Selye: «Les effets du stress peuvent se prolonger bien après que le stresseur ait cessé d'agir.»...

«Et si toutes les maladies - cardiaques, mentales, rhumatismales, hypertensives, etc. n'étaient que la conséquence d'un déséquilibre hormonal et nerveux de l'organisme dont l'expression pathologique serait fonction des prédispositions individuelles, des points faibles propres à tout un chacun?»...

Nous savons que les chocs, quels qu'ils soient, déclenchent la mise en marche des glandes pour nous protéger. Parmi les agents stresseurs, citons les actes chirurgicaux, et voici comment le Docteur René Leriche décrit ce qu'il voit: «Remarquez en passant combien nos actes chirurgicaux les plus nécessaires peuvent avoir des conséquences imprévues. Toute opération a des retentissements qui se passent hors de la zone malade sur laquelle on est intervenu. Nous ne pensons guère, quand nous faisons un drainage biliaire, que nous pouvons provoquer une décalcification squelettique. Ce que fait le choc de la chirurgie. En fait, l'opération a bien d'autres retentissements. Nous avons montré, Jung et moi, que dans ces circonstances, les parathyroïdes s'hypertrophient, la thyroïde réduit son activité, se transforme histologiquement de façon extraordinaire, et que la surrénale, elle aussi, diminue son train de vie.»

Lors d'un traumatisme les différentes glandes réagissent fortement. Que se passe-t-il donc au niveau glandulaire lorsque des individus accumulent quotidiennement des chocs? Ces chocs sont cumulatifs au niveau des tissus glandulaires, car les glandes ont la mémoire des chocs.

André Hoerter: «Les interférences des surrénales avec les autres glandes, dont l'hypophyse, sont nombreuses, elles sont aussi à l'origine des maladies dites du collagène. Les relations surrénales et système nerveux sympathique ne sont pas moins étroites, les réactions, les chocs, les «stress» donc, s'ils sont répétés, provoquent non seulement une fatigue ou une hyperactivité glandulaire, mais aussi une non moins importante hypersensibilité du système nerveux végétatif.»

Il est évident qu'un dysfonctionnement ou une perturbation d'une glande peut secondairement causer des dérèglements au niveau des autres glandes endocrines car elles dépendent les unes des autres.

L'ensemble de cet état de fait pourrait s'appeler: «la perturbation pluriglandulaire endocrinienne» ou déséquilibre glandulaire. Selon ce que j'ai pu constater dans ma pratique, le dysfonctionnement peut atteindre n'importe quelle glande; nous avons alors le dysfonctionnement de l'hypophyse, de la thyroïde, de la parathyroïde, des surrénales, des organes génitaux, du foie ou du pancréas.

DÉRÈGLEMENT DU SYNDROME GÉNÉRAL D'ADAPTATION

Selye: «Lorsque l'adaptation faiblit, l'épuisement apparaît, c'est-à-dire la perte de la capacité de résistance. Nous ne savons pas ce qui s'est perdu, mais ce n'est sans doute pas l'énergie calorique considérée comme élément moteur de la vie -car l'épuisement survient lors même que l'alimentation est amplement suffisante. Ce sont là, il me semble, les plus graves lacunes de nos connaissances concernant le stress. Et, en conséquence, les plus fructueux champs d'investigation pour la recherche future.» Le déséquilibre glandulaire, accompagné de son gros symptôme l'«hypoglycémie» donne véritablement des faiblesses, des épuisements épouvantables et de très fortes tensions émotionnelles cérébrales.

Le dérèglement de nos mécanismes d'adaptation joue un rôle décisif dans le développement de nombreuses maladies. **Ce dérèglement de nos mécanismes** d'adaptation porte le nom de dysfonctionnement glandulaire et c'est pour cette raison que la thérapie glandulaire est tellement efficace: elle rééquilibre le système glandulaire.

Selye: «On peut considérer qu'il existe deux catégories d'hormones d'adaptation: les hormones anti-inflammatoires (ACTH, cortisone), qui inhibent les réactions défensives excessives, et les hormones pro-inflammatoires (STH, aldostérone, DOC) qui les stimulent. L'action de toutes ces substances peut être modifiée ou conditionnée par d'autres hormones (adrénaline ou hormone thyroïdienne), par des réactions nerveuses, la nourriture, l'hérédité et les mémorisations tissulaires de stress antérieurs. C'est lorsque ce mécanisme du S.G.A. est défectueux que l'on constate l'apparition de maladies d'usure, autrement dit de maladies d'adaptation.»

Selye ne dit pas qu'il y a maladie mais dérèglement. Ce dérèglement ne serait-il pas, le déséquilibre glandulaire?

Le dysfonctionnement glandulaire use l'organisme. Dans ce cas, le système glandulaire est incapable de s'adapter, de surmonter un état de stress. Donc, l'ajustement de l'organisme par le syndrome général d'adaptation est impossible.

C'est ainsi, par exemple, que, selon Selye, «nous commençons à peine à comprendre que beaucoup de maladies courantes sont davantage dues à notre manque d'adaptation au stress qu'à des accidents causés par des microbes, des virus, des substances nocives ou tout autre agent externe; que bien des troubles nerveux et émotionnels, hypertension, ulcères de l'estomac et du duodénum, certaines formes de rhumatismes, allergies, maladies cardiaques et rénales, semblent être essentiellement des maladies d'adaptation.»

Il est admis qu'un corps réagit à son milieu, à son environnement. Jusqu'à tout récemment, il était dit que les individus étaient placés en état de fuite ou de lutte devant les chocs, et que, devant ces chocs, l'organisme se plaçait en état de stress aigu. Le corps cherchait à conserver ses caractéristiques biologiques et physiologiques intactes le plus possible. Maintenant nous ne pouvons ni fuir ni nous battre devant les chocs, nous tentons de résister, de nous adapter le plus possible ou nous nous résignons. Il y a toujours un maillon dans la chaîne glandulaire qui peut céder, donc le déséquilibre glandulaire peut apparaître. Et ce déséquilibre glandulaire devient véritablement pathologique, en ce sens que ses réactions adaptives sont inadéquates. Les désordres biologiques peuvent rester très longtemps inapparents. Seules les maladies seront traitées, mais la cause, le déséquilibre glandulaire, continuera sa lente destruction de l'organisme.

Au sujet de l'inhibition de l'action, Henri Laborit dit: «Cette histoire prend son maximum d'importance dans ce qu'il est convenu d'appeler le «stress psychosocial». Dans celui-ci, on ne peut trouver de lésions dues à l'action directe d'un agent agressif. Les lésions apparaîtront souvent après un temps plus ou moins long et seront secondaires à la réaction (s'il y a lésion). Or, les conséquences neuro-endocrino-métaboliques de cette dernière constituent ce que l'on peut appeler «le terrain physiopathologique». Il est dominé par les processus de mémoire, qui conditionnent le comportement d'un organisme à tous ses niveaux d'organisation à l'égard du milieu.»...«Mémoire qui se souvient surtout des actions inefficaces ou douloureuses, ou de celles punies ou qui risquent de l'être par la socio-culture. C'est elle qui mobilisera les aires cérébrales qui commandent à l'inhibition de l'action et le système neuro-endocrinien, dans une «attente en tension» du moment d'agir. De nombreux éléments nous permettent de dire que cette réaction s'auto-entretient aussi longtemps que l'action gratifiante n'aura pas interrompu le cercle vicieux.»

«Dans le stress psychosocial, la mémoire de l'inefficacité de l'action a un rôle prédominant et le système limbique et le cortex associatif sont indispensables à l'établissement des perturbations physiobiologiques.»

«Or, nous avons pu montrer et de nombreux auteurs aujourd'hui aboutissent aux mêmes conclusions, que si le contrôle de l'événement est efficace, peu de perturbations biologiques ou physiologiques, centrales ou périphériques en résultent. Ce n'est que lorsque ce contrôle devient impossible que les perturbations apparaissent.»

«En définitive, c'est le métabolisme cellulaire qui conditionne le maintien des conditions de vie dans le milieu intérieur.» J'ajouterai que c'est l'équilibre glandulaire qui conditionne en grande partie la vie d'un être humain.

Le dysfonctionnement glandulaire est un état subclinique (en deçà de la maladie); cet état n'est pas une maladie. Certaines glandes peuvent être en hypofonctionnement et certaines autres en hyper-fonctionnement.

Idéalement, chaque personne devrait vivre avec un niveau tolérable de stress non pathogène contribuant, en réalité, à améliorer son fonction-nement et son rendement. Mais malheureusement, les chocs successifs inondent quotidiennement les êtres humains, qui doivent survivre malgré le déséquilibre glandulaire qui en résulte.

Selye mentionne que «les maladies ne viennent pas de glandes malades mais de trop d'hormones dans le sang.»

Et lorsque ce dysfonctionnement se prolonge, une maladie se déclenche à l'endroit le plus faible parmi les organes, à l'endroit le plus faible parmi les glandes, ou à l'endroit le plus faible ailleurs dans le corps, comme le cerveau, une veine, une artère, etc.

Le dysfonctionnement glandulaire provient d'accumulation progressive de conflits, de frustrations réprimées, de la pollution de l'air, de l'eau, de l'alimentation inadéquate, du bruit, des excitants alimentaires ou autres (cigarettes, alcool, etc.) et n'oublions pas l'hyperstimulation optique. Un individu subit tous les jours des centaines et des centaines de petits chocs, sans compter les plus importants.

Le premier symptôme important du dysfonctionnement glandulaire est l'hypoglycémie, et comme le glucose sanguin est la principale source d'énergie du cerveau, il s'ensuit une augmentation de nos réactions émotionnelles, causées évidemment par la surexcitation des cellules cérébrales en manque de sucre sanguin. Ceci revient à dire que notre capacité d'adaptation physique et mentale est surmenée, car le jeu hormonal erroné lors du dysfonctionnement glandulaire se retourne contre nous, autant physiquement que mentalement.

La résistance glandulaire s'abaisse ainsi que celle du système immunitaire. Alors, lorsqu'un violent choc extérieur (perte d'emploi, décès, etc.) se produira, le système glandulaire ne l'acceptera pas et une maladie pourra faire son apparition quelques jours, quelques mois, voire quelques années plus tard.

Les manifestations des glandes en déséquilibre sont extrêmement fréquentes par rapport aux pathologies glandulaires. Ces manifestations sont très variables; elles évoluent par alternance, par périodicité et par cycle; elles n'ont pas la stabilité des lésions organiques, car elles obéissent ou répondent aux différents chocs que les êtres humains subissent. Nous pouvons donc parler d'état «subclinique», la glande n'est pas malade. Cette glande qui est en deçà de la maladie, amène une défaillance dans le travail des mécanismes d'autodéfense et d'équilibration en provoquant des réactions physiologiques au niveau glandulaire, et, par le fait même, un dysfonctionnement glandulaire, qui peut conduire à la maladie.

Hans Selye: «Il n'en demeure pas moins que la réponse à l'adaptation peut faire défaut ou être inappropriée en raison de défauts congénitaux, d'une tension excessive ou d'une instabilité psychologique.»

Il y a cinquante ans, tout au plus 30% des maladies provenaient de dérèglements du S.G.A. Aujourd'hui, plus de 90% des maladies, appelées «maladies de civilisation», proviennent du dérèglement du S.G.A., car la majorité des individus ont atteint le «seuil de tolérance» et beaucoup l'ont dépassé.

H. Laborit mentionne: «Les glucocorticoïdes peuvent être libérés de façon chronique et trop importante, parce que le système inhibiteur de l'action est lui-même stimulé de façon chronique par l'impossibilité de résoudre dans l'action un problème comportemental.»

Selye: «Il est intéressant de noter que des composés chimiques identifiables, les hormones produites pendant la phase aiguë de la réaction d'alarme du S.G.A. possèdent cette propriété de nous surexciter d'abord, pour nous permettre d'agir et puis provoquent une dépression. Ces deux effets ont une grande valeur pratique pour l'organisme: il faut être tendu pour l'action, mais il est tout aussi important de se détendre ensuite, pour ne pas se brûler à un rythme excessif.»

Ces deux réactions existent lorsqu'il n'y a pas de déséquilibre glandulaire. Par contre, lors du dérèglement glandulaire, cette détente qui survient après l'action n'existe plus; l'organisme se trouve continuellement en état d'action, car les réactions du métabolisme se suivent à répétition à un rythme effarant, ce qui ne donne à l'organisme aucun moyen de récupération.

Le déséquilibre du système glandulaire est une agression qui perturbe lentement les différents métabolismes et les différentes fonctions de l'organisme; l'ensemble devient une catastrophe parce qu'il enclenche une destruction progressive, donc un vieillissement accéléré en différents endroits de l'organisme, toujours en fonction de l'endroit le plus faible.

Selye: «Le stress est toujours présent dans un organisme en but à l'agression, qu'elle soit provoquée par le froid, la chaleur, une engelure, un coup de soleil, le surmenage physique ou intellectuel, le manque de sommeil, une perte de sang, le bruit, des poisons alimentaires, des drogues, une vaccination, un air pollué, le manque d'air, les excès alimentaires et les carences, la déshydratation, l'alcool, le tabac, les radiations ionisantes comme les rayons X, une brûlure, une opération, l'anesthésie, les maladies parasitaires, bactériennes ou virusales, les soucis, le chagrin, le remords, l'anxiété, l'angoisse, la peur, la colère...»

Dr. Kenneth R. Pelletier: «Un stress prolongé usera cependant l'organisme et minera sa résistance. Quand l'organisme est incapable de s'adapter ou de surmonter un stress, des maladies d'adaptation font souvent leur apparition. Ce que Selye appelle des «maladies d'adaptation» est simplement une maladie ordinaire qui se développe à la suite d'un syndrome général d'adaptation soutenu. Des troubles de ce genre ne peuvent être attribués uniquement au stress, mais au fait que la tentative de l'organisme de s'adapter au stress crée des conditions physiologiques qui hâtent leur apparition ou prédisposent une personne à les contracter.»

Nous revenons toujours à la case départ, c'est-à-dire que les maladies inflammatoires ne sont pas causées directement par les chocs, mais bien par le dérèglement du S.G.A. qui atteint un point de non-retour à la normale, causé par le déséquilibre d'une glande. L'augmentation exagérée d'une hormone pro-inflammatoire dans le courant sanguin provoque l'inflammation, tel que prouvé par Selye dans ses recherches.

Voici un exemple de dysfonctionnement glandulaire: les symptômes plus ou moins violents du syndrome prémenstruel. À ce sujet, Selye mentionne: «Toutes ces considérations amenèrent le journal pakistanais Medicus à écrire dans un éditorial que le «syndrome» devrait, pensons-nous, être qualifié de «stress prémenstruel», parce qu'il représente un dérèglement du syndrome général d'adaptation.» Nous commençons à mieux comprendre ce stress qui se produit une à deux semaines avant les menstruations apparaissant chez des femmes généralement en bonne santé. Chez plusieurs femmes, la plupart de ces symptômes peuvent disparaître rapidement, dès le début des menstruations.

Voici son explication: «Une des toutes premières observations sur le Syndrome Général d'Adaptation montrait que des cobayes soumis à un stress violent et prolongé souffraient de désordres sexuels. Pendant le stress, les glandes sexuelles diminuent de volume et deviennent moins actives au fur et à mesure que les surrénales gonflent et intensifient leur activité. Les glandes sexuelles sont stimulées par les hormones gonadotropes de l'hypophyse, exactement comme les surrénales sont activées par l'hormone adréno-corticotrope (ACTH). Il semblait donc probable que, pendant le stress où l'hypophyse doit produire des quantités plus fortes d'ACTH pour maintenir la vie, il lui faut réduire la production des autres hormones, moins nécessaires à ce moment critique.Ce déphasage prioritaire a été nommé "déplacement de la production hormonale hypophysaire".»

N'oublions pas que nous réagissons de la même manière que les cobayes face aux chocs. En présence d'un choc, les femmes peuvent avoir un cycle menstruel irrégulier et très souvent, peuvent avoir d'importants symptômes prémenstruels. En ce qui me concerne, j'aime beaucoup mieux «stress prémenstruel» puisque cela traduit bien un déséquilibre ou un dérèglement du S.G.A.

Voici le point de vue de Soly Bensabat sur le syndrome prémenstruel: «Les situations de stress prolongé provoquent une perturbation au niveau de l'hypothalamus, centre cérébral de commande des sécrétions hormonales féminines. Ce déséquilibre hormonal est souvent caractérisé par une diminution de production de progestérone et une augmentation relative des oestrogènes qui favorisent l'ensemble de la symptomatologie féminine et également, **si le déséquilibre est important, l'apparition d'affections bénignes au niveau des seins, des ovaires (kystes) et de l'utérus (polypes et fibromes).**»

«Le stress est donc un facteur de risque non négligeable chez la femme. Capable de diminuer sa fertilité, il peut aussi favoriser toute une pathologie gynécologique et mammaire, et créer, en même temps qu'un déséquilibre hormonal, un terrain favorable au développement d'un cancer mammaire ou gynécologique.»

Le déséquilibre glandulaire est un déphasage glandulaire faisant suite aux diverses réactions de stress «mortes-nées» dans notre corps, suite à notre incapacité de fuir ou de combattre, tout en provoquant une accumulation dans notre corps des hormones adrénaline, noradrénaline, etc. L'être humain encaisse, mais malheureusement, il ne peut encaisser indéfiniment puisqu'il y a toujours un maillon dans la chaîne glandulaire qui peut céder, mais on ne sait pas quel maillon ni quand il va céder; tout dépend évidemment de la force vitale de ce maillon.

Henri Laborit, dans ses explications au sujet de l'inhibition de l'action, prend comme exemple les glucocorticoïdes; il aurait pu également citer la thyroxine (hormone de la thyroïde), l'hormone de croissance (STH), l'aldostérone, etc. Laborit accuse donc la sortie trop importante des glucocorticoïdes en stipulant que le système inhibiteur de l'action était stimulé de façon chronique.

Le Docteur Tudor Q. Bompa Ph.D. du département d'éducation physique de l'Université York, en Ontario, mentionne qu'un surentraînement physique donne des symptômes qui s'apparentent aux maladies des glandes thyroïde et surrénale; ces glandes ne sont pas malades, mais tout simplement en déséquilibre.

Soly Bensabat: «Le dysfonctionnement des hormones du stress peut, à la longue, provoquer de véritables maladies du stress.»

Le Docteur René Girerd rappelle que: «Pour Selye, un dérèglement de ce mécanisme d'adaptation constitue le facteur essentiel dans la pensée de certains états pathologiques que cet auteur appelle les maladies de l'adaptation. Parmi les dérèglements capables de se produire pendant le syndrome général d'adaptation:

1) Un excès ou une insuffisance dans la quantité des corticoïdes et de STH produits pendant le stress.

2) Un excès ou une insuffisance dans la quantité de corticoïdes et de STH retenus dans les tissus au cours du stress.

3) Un déséquilibre entre les sécrétions (ou la rétention) d'ACTH et de glucocorticoïdes d'une part et de STH et minéralocorticoïdes d'autre part, au cours du stress. La production par le stress de changements métaboliques qui perturbent la réponse des tissus récepteurs aux hormones adaptives.

4) Enfin, d'autres organes participant au syndrome général d'adaptation peuvent aussi se comporter anormalement et porter une part de responsabilité dans la cause de la maladie au cours de l'adaptation au stress»

Selye a distingué un système qui lutte contre l'inflammation, donc qui est anti-inflammatoire, constitué par l'ACTH et le cortisol. Il a mis en évidence un deuxième système qui favorise l'inflammation, donc qui est pro-inflammatoire, constitué des hormones suivantes: l'hormone de croissance (STH), la désoxycorticostérone (DOC) et l'aldostérone. Ces deux systèmes doivent toujours être maintenus dans une normalité de tous les instants; que l'équilibre vienne à se rompre entre les hormones anti-inflammatoires et pro-inflammatoires et c'est l'apparition d'une maladie. Si l'équilibre entre ces deux systèmes se brise en faveur des hormones pro-inflammatoires, nous pouvons alors être assurés de voir apparaître soit une maladie rhumatoïde, une maladie inflammatoire quelconque ou une forme de maladie dégénérative, à l'endroit le plus faible de l'organisme.

Bensabat: «**Chaque être a un point faible, quelque part un gène dont il a hérité, un tempérament nerveux, ou sanguin, cellulitique... l'overdose de stress atteinte, c'est là qu'il sera touché.**»

Dans un article intitulé «Les maladies auto-immunes» de la revue «Pour la Science», Laurence Steinman mentionne: «Jusqu'à présent, les biologistes ont surtout étudié le lien hormonal entre le stress et les réactions auto-immunes. Récemment Ronald Wilder, George Chrousos et leurs collègues de l'Institut américain de la santé ont découvert la présence de corticotrophine (ACTH) dans le liquide et dans les tissus synoviaux des patients souffrant de polyarthrite rhumatoïde. Ils ont aussi montré que les animaux qui ne libèrent pas assez de corticotrophine en cas de stress sont particulièrement sensibles à la polyarthrite déclenchée expérimentalement. Les malades souffrant de polyarthrite rhumatoïde présentent la même insuffisance. Celle-ci expliquerait comment «l'anxiété» aggrave les maladies auto-immunes. Si la «peur» est cause de rechute, la peur de rechute est parfois un facteur de rechute.»

Décortiquons brièvement ce que Laurence Steinman mentionne:

- Il existe réellement un lien hormonal entre le stress et les maladies auto-immunes. Il en est de même pour la plupart des maladies de notre civilisation.

- Des chercheurs américains ont découvert la présence de l'hormone ACTH dans le liquide et les tissus synoviaux. Cela suppose que l'hypophyse fabrique plus d'ACTH afin que la corticosurrénale sécrète davantage de cortisol. Malheureusement, ce n'est pas le cas, puisqu'un taux élevé de cortisol pourrait prévenir l'inflammation. Donc, l'hypophyse sécrète trop d'ACTH et les surrénales épuisées, non malades, pas assez de cortisol. Ceci implique un dysfonctionnement glandulaire.

Mais, avant leur épuisement, les surrénales produisent un surplus de cortisol.

Voci ce que S. Bensabat mentionne: «Les surrénales augmentent peu à peu leur débit et finissent par produire trop de cortisol, dont l'accumulation provoque une diminution des défenses immunitaires, une plus grande sensibilité aux maladies allergiques, des troubles cutanés et probablement des dépressions nerveuses. Cet excès de cortisol favorise également les poussées d'ulcères, certains rhumatismes, des arthrites rhumatismales, voire l'ostéoporose, certains diabètes et obésités et bien d'autres troubles.»

«Le stress entraîné par ce dysfonctionnement du système hypophysaire, parce qu'il est répétitif et ne produit pas des accès violents nés de telle ou telle situation, est appelé stress chronique.»

Selye l'a bien démontré dans son livre «Le stress de la vie»: «Des observations telles que celles qui furent poursuivies à l'hôpital municipal de Korbach (Allemagne) par les docteurs Wilheim Brüj et Hans-Jügen John ont particulièrement illustré le lien qui existe entre ces maladies inflammatoires et une action insuffisante du système d'alarme de l'organisme. Ces médecins, désirant mettre en pratique le concept de la thérapeutique du stress pour des malades atteints d'arthrite grave, rebelles aux remèdes anti-inflammatoires usuels, se demandèrent si l'effet combiné des hormones anti-inflammatoires sécrétées par l'organisme et l'action conditionnante du stress ne serait pas efficace. Ils utilisèrent afin de provoquer un stress, une forme modifiée de choc à l'insuline qui se révéla efficace dans différents cas désespérés. Ils décrivent par exemple, le cas d'une femme âgée de quarante-quatre ans, condamnée à rester alitée, les membres déformés par une arthrite chronique qui affectait les mains, les pieds et les genoux. Après une série de chocs à l'insuline, elle fut capable de se lever et de marcher après trois ans d'immobilité. Les médecins allemands attribuèrent ce succès au déclenchement d'une réaction d'alarme suivie d'une décharge d'ACTH et de corticoïdes anti-inflammatoires par les glandes endocrines de la malade. De nombreuses observations du même genre ont été publiées par d'autres praticiens qui ont utilisé des stresseurs variés. Ce faisceau de constatations concordantes indique bien que les affections rhumatismales sont des maladies d'adaptation typiques, puisque la maladie disparaît sans intervention médicale lorsque les défenses de l'organisme sont adéquates.»

«Les hormones produites par les glandes endocrines sont déversées dans la circulation sanguine et, par conséquent, toutes les parties de l'organisme sont irriguées par un sang ayant la même concentration hormonale. Les impulsions nerveuses peuvent être dirigées vers une région spécifique de l'organisme, mais les hormones sont distribuées de façon uniforme. À première vue, il semble tout à fait impossible que, chez un même individu, une partie de l'organisme reçoive un excès de la même hormone qui ferait défaut dans un autre secteur. L'endocrinologie classique ne reconnaissait que les maladies provoquées par un excès ou un manque d'hormones, **mais on ne s'était jamais demandé si le même malade pouvait souffrir ici d'une déficience et là d'un excès d'hormones.**»

Et Selye de dire: «Ce qui sans doute est le plus frappant dans les recherches médicales sur le stress, c'est l'intérêt fondamental et permanent qu'elles présentent pour l'humanité. Les médicaments, fussent-ils les plus efficaces (substances chimiques qui sont une valeur curative, mais ne sont pas des produits organiques normaux), perdent à la longue de cette efficacité. Tôt ou tard, ils sont remplacés par des médicaments encore plus efficaces et deviennent alors sans intérêt.»...«L'étude du stress diffère essentiellement de la recherche concernant les drogues artificielles, parce qu'elle s'applique aux mécanismes défensifs de notre propre corps. Les résultats immédiats de cette science qui vient à peine de naître ne sont pas encore aussi impression- nants par leurs applications pratiques que ceux que certains médicaments permettent d'obtenir, mais ce que nous apprenons des mécanismes d'autoprotec- tion naturels ne perdra jamais de son importance.»...

«Des mesures défensives, comme la production d'hormones d'adaptation par les glandes endocrines, sont inséparables de la structure de l'organisme. Cette aptitude, nous l'avons reçue de nos parents en héritage, et nous la transmettons à nos enfants, aussi longtemps qu'il y aura une race humaine. La portée de cette forme de recherche ne se limite pas à la lutte contre telle ou telle maladie. Elle concerne toutes les maladies et, en fait, toutes les activités de l'homme, car elle nous apprend à connaître la nature essentielle du STRESS DE LA VIE.»

La perturbation du système nerveux entraîne des erreurs dans la régulation de la production d'hormones. Selon Selye, «nous avons appris que l'organisme possède un système complexe de contrôle et d'équilibre si efficace qu'en principe nous nous adaptons parfaitement à tout ce qui peut nous arriver dans la vie. Mais ce mécanisme ne fonctionne pas toujours à la perfection: ses réactions sont parfois trop faibles et ne procurent pas la protection nécessaire; parfois au contraire, elles sont trop fortes et nos réactions excessives au stress nous causent elles-mêmes des blessures.»

«Un élément d'adaptation existe dans chaque maladie, mais pour certaines les effets directs des agents causent des maladies, et pour d'autres les réactions indirectes d'adaptation de l'organisme lui-même sont plus accusés. C'est seulement dans le second cas que l'on peut parler de maladies d'adaptation. L'adaptation comporte un mélange équilibré de défense et de passivité. Certaines maladies sont dues soit à un excès de réactions défensives de l'organisme, soit au contraire à une passivité exagérée.»

Chapitre IV

LES HORMONES
ET L'INFLAMMATION

«Le nouveau est toujours suspect, mais lorsqu'on voit poindre une lueur, on n'a pas le droit de l'éteindre; le devoir est de rechercher.»

P. Currier

Les hormones jouent un rôle primordial dans le déclenchement et le maintien de l'inflammation. Voici les principales hormones impliquées directement ou indirectement dans le processus inflammatoire.

L'ADRÉNALINE

La sécrétion de base de l'adrénaline peut se multiplier par 1000 lorsque l'organisme est soumis à des agressions, que ce soit l'hypoglycémie insulinique, l'asphyxie, le froid ou l'exercice musculaire. Ces agressions sont d'ailleurs les mêmes que celles qui déclenchent la sécrétion d'ACTH et d'hormone antidiurétique. Les états émotionnels ou un travail exigeant du cerveau peuvent également entraîner une décharge d'adrénaline. Cette dernière agit à l'intérieur des cellules en activant les réactions qui permettent au corps de lutter lors de chocs. Elle est responsable de la défense et de l'adaptation de notre organisme. Plus les émotions sont fortes, plus la sécrétion d'adrénaline devient importante.

C'est W.B. Cannon qui a démontré que l'adrénaline de la médullosurrénale était déversée dans le sang lors des états de peur, de colère ou de stress. De plus, j'ajouterai que nos défauts, la haine, la jalousie, la méfiance, etc. déclenchent les mêmes processus. La médullosurrénale adapte l'organisme aux agressions; que le problème soit externe ou interne, les catécholamines (adrénaline, noradrénaline) augmentent:
- la masse sanguine qui est déviée vers les muscles et le cerveau,
- le débit cardiaque,
- le taux de glucose sanguin.

C'est une véritable mobilisation de l'organisme pour faire face à un trouble ou un événement dangereux. Mais un taux élevé et soutenu d'adrénaline peut causer un choc aux cellules les plus faibles, et agresser les lysosomes. Cette agression toxique pourrait causer une perturbation de la perméabilité des membranes des lysosomes.

Pierre Bugard: «Si l'on présente des films montrant des scènes de cruauté et de meurtre à des étudiants en médecine, même s'ils se disent blasés, on voit chez eux l'adrénaline urinaire augmenter de

70%, et la noradrénaline de 35%.» (Euler et coll., 1959)

«Ainsi une forte émotion, qu'elle soit agréable ou non, est capable d'augmenter les catécholamines.»

L'adrénaline peut agir au niveau de la phospholipase A_2 qui déclenche la cascade de l'acide arachidonique.

LA CORTICOTROPHINE (ACTH)

C'est l'hormone qui déclenche le stress. Lors d'un choc, l'hypothalamus envoie un signal à l'hypophyse pour qu'elle libère de l'ACTH. Celle-ci se dirige vers la corticosurrénale, ce qui augmente la fabrication et la libération de glucocorticoïdes. La sécrétion d'ACTH est pulsatile. Le stress et l'hypoglycémie sont d'excellents stimuli de la sécrétion d'ACTH.

Selon Laurence Steinman: «L'ACTH a deux effets opposés:

a) elle active les cellules immunitaires au site de l'inflammation,

b) elle stimule la production, par les glandes surrénales, de glucocorticoïdes qui stoppent l'inflammation.»

Selye: «J'ai pu constater que les signaux d'alarme (venus des différentes cellules de l'organisme pendant le stress) peuvent stimuler la sécrétion de l'ACTH, même lorsque la concentration des corticoïdes dans le sang atteint les taux les plus élevés.»

LES GLUCOCORTICOÏDES (LE CORTISOL)

Dans des conditions normales, le cortisol est sécrété au taux de 20 à 30 mg/24 heures. Il ne reste pas longtemps dans le sang: sa demi-vie est de 100 minutes environ. Dans un état de stress l'ACTH entraîne une production très importante de corticoïdes, dont le cortisol.

Le taux sanguin du cortisol varie au cours de la journée selon un rythme bien précis. Son taux minimal est vers minuit. On retrouve un pic de sécrétion le matin à 7 heures, déclenché à 6 heures par l'hormone ACTH. Ainsi, le matin, notre organisme se prépare à être actif toute la journée (taux de cortisol élevé) et le soir, à se reposer durant la nuit (taux bas).

Voici l'action du cortisol sur le métabolisme glucidique de la cellule hépatique:

a) augmente la formation de glucose;

b) augmente la libération du glucose dans le sang, libère le glucose à partir du glucose-6-phosphate;

c) renouvelle les réserves glucidiques du foie: il augmente la néoglucogenèse et la glucogenèse et favorise la glycogénolyse.

Pour Soly Bensabat: «Le cortisol est une des principales hormones produites pendant le stress qui sont indispensables à la réaction biologique d'adaptation. Sécrété à dose importante lors d'un stress aigu, et surtout à dose légère mais permanente dans le stress chronique, le cortisol entraîne de nombreux inconvénients dont une baisse dangereuse des

défenses immunitaires, et une plus grande sensibilité à certaines pathologies: dépression nerveuse,
ulcère d'estomac, obésité; **le taux de cortisol est
élevé dans de nombreuses maladies qui ont
un rapport avec le stress.**»

Un excès de cortisol provoque donc:
° des vergetures qui témoignent de la fragilité du
  tissu conjonctif,
° une ostéoporose importante,
° une involution au niveau du thymus, de la rate et
  des ganglions,
° une diminution des globules blancs (éosinophiles
  et lymphocytes circulants),
° une diminution de certains anabolismes,
° une gêne des réactions qui conduisent à la
  synthèse des prostaglandines,
° une inhibition de la synthèse de l'acide hyaluronique, des fibres de collagène et des protéoglycanes.

Laborit: «Pour Riley, les corticoïdes, dont il
montre l'élévation importante du taux circulant au
cours des différents types d'agression qu'il a
étudiées, sont également responsables de l'inhibition
du système immunitaire et de l'accélération de la
croissance des tumeurs.» Donc, du déclenchement de
la cascade de l'acide arachidonique.

Selon Bensabat: «La sécrétion du cortisol et des
autres corticoïdes pendant le Syndrome Général
d'Adaptation (S.G.A.):

- augmente pendant la phase d'alarme du stress,
- retombe à un niveau presque normal pendant la phase de résistance,
- puis remonte au-delà du niveau maximal pendant la phase d'épuisement,
- enfin s'effondre.» (C'est à ce moment que l'hormone de croissance (STH) pourrait être en quantité supérieure au cortisol et déclencher l'inflammation. C'est une des nombreuses causes du déclenchement de la cascade de l'acide arachidonique.)

Laborit ajoute: «La concentration des glucocorticoïdes dans le sang circulant et le degré d'inhibition de la libération d'ACTH étaient fréquemment dissociées, en particulier en cas de réponse à une agression. Apparemment, une réduction soudaine de la concentration des corticoïdes circulants n'est pas un moyen efficace de stimuler rapidement la sécrétion d'ACTH car le mécanisme possède une latence de longue durée et ne peut posséder un rôle physiologique important. Inversement, une augmentation brutale de corticoïdes circulants n'inhibe la sécrétion d'ACTH qu'après deux heures de latence.»

Et le Dr. Soly Bensabat poursuit: «Pendant le stress, la sécrétion du cortisol est prédominante et, contrairement à celle de l'adrénaline qui est immédiate, elle est plus tardive et ne se produit qu'au bout de quelques heures.»

«Avant tout c'est une hormone anti-inflammatoire: elle s'oppose à l'inflammation provoquée localement au niveau de leur porte d'entrée par les agents stresseurs; elle entre en compétition avec les autres hormones dites pro-inflammatoires (hormones minéralocorticoïdes: DOC et aldostérone) de la corticosurrénale.»

«La sécrétion prolongée du cortisol et des corticoïdes en général dans le stress chronique provoque un épuisement progressif des glandes corticosurrénales. Cette sécrétion abusive est responsable de différents troubles métaboliques et organiques dont l'hypertension artérielle, l'ulcère de l'estomac, l'ostéoporose, la diminution des défenses immunitaires, la sensibilité aux maladies allergiques et probablement de certains diabètes et obésités, de troubles cutanés, etc., et d'arthrites rhumatismales qui seraient dues en partie à une dysharmonie de l'action des hormones anti-inflammatoires et pro-inflammatoires sécrétées dans le stress chronique au détriment des anti-inflammatoires.»

Quant au Dr. Kenneth Pelletier: «Normalement, c'est le foie qui contrôle la quantité des corticoïdes présents dans le sang et qui en réduit le taux quand c'est nécessaire. Mais pendant un stress, les mécanismes de contrôle du foie sont court-circuités, ce qui permet à de plus hautes concentrations de corticoïdes de circuler librement dans l'organisme.»

Selye insiste sur le fait qu'il existe encore des rapports intéressants entre le stress et les affections du foie: «Le Dr. Paul Lemonde, de notre Institut, a observé que, pendant la réaction d'alarme, les tests de la fonction habituelle du foie révèlent une insuffisance hépatique marquée.»... «Il est également évident que, si la fonction hépatique est diminuée pendant la réaction d'alarme, l'élimination des corticoïdes est moins rapide. C'est un des mécanismes conditionnants qui permettent à l'organisme d'augmenter pendant le stress l'activité corticoïde.»

L'élimination normale de ces hormones étant ralentie, la même quantité sécrétée par les surrénales peut avoir une action bénéfique plus durable.

Nous pourrions ajouter l'autre côté de la médaille, c'est-à-dire que son action est plus dangereuse dans un stress chronique. Le cortisol est une hormone bénéfique en temps normal car elle est anti-inflammatoire. Par contre, sa quantité plus élevée et soutenue durant un stress chronique est un danger pour le système immunitaire ainsi que pour d'autres systèmes de l'organisme.

Judy Graham et Michel Odent: «Non seulement le cortisol gêne toutes les réactions qui conduisent à la synthèse des prostaglandines, mais bien plus, il inhibe le fonctionnement du thymus; il réduit le volume de cette glande, en l'empêchant de sécréter sa propre hormone, la thymuline. Le type de situation qui entraîne une sécrétion élevée de cortisol est la situation sans issue, sans espoir, «helplessness», que Laborit appelle inhibition de l'action. Les déprimés ont en permanence un taux élevé de cortisol. C'est un état très fréquent dans notre société.» L'inhibition de l'action de Laborit est une réaction du stress chronique dont une des principales actions est la sortie du cortisol, et cela peut durer des années, tant et aussi longtemps que les chocs répétitifs seront présents ou que le déséquilibre glandulaire ne sera pas corrigé.

Et Laborit conclut: «**Les glucocorticoïdes interviennent sur les phospholipides membranaires. Ils provoquent une augmentation de la Na^+/K^+-ATPase, les variations de cette activité enzymatique sont en sens inverse de l'adénylate (ou adényl cyclase).**» Les glucocorticoïdes peuvent déclencher, selon la faiblesse des membranes cellulaires, une augmentation du Ca^{2+} suivie d'une augmentation de l'acide arachidonique.

S. Bensabat: «Il n'est pas toujours nécessaire de recourir à des examens biologiques, à des analyses de sang ou d'urine, pour confirmer un diagnostic de stress. Il suffit souvent d'écouter le patient, de faire le bilan de ses différents troubles et de confirmer leur lien avec des conditions de vie difficiles. Bien que le stress puisse modifier n'importe quel paramètre sanguin, la biologie courante n'est pas toujours parlante en ce cas.»

«Mais certaines de ces modifications sont, elles, significatives:
- l'abaissement du taux de cholestérol HDL,

- l'élévation du taux des triglycérides et des acides gras libres,
- l'élévation du taux des catécholamines (adrénaline),
- l'élévation du cortisol s'observe aussi bien dans les situations de stress aigu que chronique. Dans le stress aigu, la sécrétion est importante mais transitoire; dans le stress chronique, la sécrétion est modérée mais continue.»

«Dans de nombreuses maladies, on observerait une élévation importante du taux de cortisol dit libre, sans que l'on sache très bien à quelle cause relier cet effet. Ainsi, dans:

- l'anorexie mentale;
- la boulimie;
- l'hypertension artérielle;
- l'insomnie, l'endométrite, l'ulcère de l'estomac, la sclérose en plaques, le sida, la maladie d'Alzheimer, le psoriasis, l'herpès récidivant, et bien d'autres maladies, et chez les drogués et les alcooliques.

Dans tous ces cas, il existe un état de stress. Il a été également prouvé que le taux de cortisol libre est élevé dans le vieillissement prématuré, qui n'est lui-même que la conséquence d'une usure rapide favorisée par trop de stress.»

«Le taux de cortisol libre serait d'une façon générale élevé dans les états de stress chronique.»

Walter Pierpaoli et William Regelson: «On ne considère pas en général l'ostéoporose comme une maladie liée au stress; une exposition continue aux corticoïdes affaiblit les os et accroît les risques de fracture...»

«Comment le stress affecte-t-il l'état des os? Il a été démontré que les corticostéroïdes (les médicaments) bloquent la croissance de cellules particulières situées aux extrémités des os et nécessaires à la formation de nouvelles cellules osseuses.»

Nous savons également que le cortisol (hormone stéroïde) gêne la fabrication des protéoglycanes, lesquels sont la «matière première» des cartilages, des tendons et des ligaments. Nous pouvons observer qu'un grand nombre d'individus vivant dans les pays industrialisés sont dans un état de stress chronique, ce qui provoque une sortie anormale de corticostéroïdes (cortisol); les mêmes réactions négatives se produisent autant avec le cortisol qu'avec la cortisone chimique.

Laborit: «Si l'on admet comme nous l'avons montré que c'est l'inhibition de l'action qui est à l'origine de la mise en jeu et de l'entretien de l'activité du couple hypophyso-surrénalien et en conséquence de l'élévation stable de la cortisolémie, on comprendra qu'infection et cancer ne frappent pas au hasard. Les hormones seront pour beaucoup dans l'apparition, l'entretien et l'évolution des maladies infectieuses et des néoplasmes.»

L'ALDOSTÉRONE

L'aldostérone, hormone pro-inflammatoire, représente 95% de l'activité minéralocorticoïde. Elle favorise la glycogénolyse anaérobie dans le muscle et joue un rôle dans l'équilibre acido-basique. C'est une hormone régulatrice physiologique: elle provoque la rétention du sodium (Na) dans les cellules et la fuite par l'urine du potassium (K). La privation de sodium stimule de façon marquée la production de l'aldostérone.

L'activité de rétention du sodium peut être contrecarrée par la cortisone ou par la progestérone. Chez le sujet normal, l'administration prolongée d'aldostérone aboutit à une rétention de sodium avec augmentation de poids et perte de potassium.

L'ACTH semble stimuler la sécrétion d'aldostérone, mais alors que l'administration répétée d'ACTH continue d'élever la sécrétion de cortisol, l'aldostéronémie revient à la normale dès le second jour.

Plusieurs maladies augmentent la sécrétion de l'aldostérone: la cirrhose, la néphrose, quelques types d'insuffisance cardiaque et l'hypertension maligne.

LA DÉSOXYCORTICOSTÉRONE (DOC)

La DOC, fabriquée par la corticosurrénale, est un précurseur de l'aldostérone.

Selye: «En 1944 apparaissent les premiers corticoïdes pro-inflammatoires (CP) purifiés, dont le chef de file est l'acétate de désoxycorticostérone (DOC); son action est bien différente de celle des extraits utilisés jusque-là. L'administration de DOC entraîne des lésions rénales, évoquant l'hypertension maligne; des lésions d'artérite, évoquant la périartérite noueuse ou rhumatismale; des lésions articulaires, évoquant le rhumatisme articulaire aigu ou l'arthrite rhumatoïde; et des lésions inflammatoires éparses (dans chacun des organes atteints, le «potentiel inflammatoire» du tissu conjonctif est augmenté). Reste à savoir comment le stress peut influencer de façon sélective la production de substances comparables aux extraits corticosurrénaux ou au DOC par le truchement d'un seul type de stimulant corticosurrénal: l'ACTH.»

«De fortes doses de DOC ont provoqué, outre l'hypertension et les lésions cardio-rénales, des gonflements douloureux et inflammatoires des articulations.»

Docteur René Girerd: «La DOC produit expérimentalement des lésions superposables à celles de la maladie hypertensive et du rhumatisme articulaire aigu, à savoir: une néphrosclérose, de l'hypertension, des lésions vasculaires (hyalinose, périartérite noueuse) ainsi que des lésions d'arthrite ressemblant soit à celles du rhumatisme articulaire aigu pour les expériences aiguës, soit à celles de la polyarthrite chronique pour les expériences de longue durée. Il est remarquable qu'un stress, par le froid en particulier, reproduise les changements caractéristiques d'un traitement à la DOC. Mais même des doses massives de DOC ne produisent ni involution thymolymphatique notable ni changements de la formule sanguine.»

L'HORMONE DE CROISSANCE OU SOMATOTRO-PHINE (STH)

L'hormone de croissance est responsable de la croissance des os et des tissus mous chez l'enfant. Elle est sécrétée par bouffées, au cours de la nuit et dans la journée. Sa demi-vie est de l'ordre de 20 minutes. Durant la journée, la sécrétion de STH est très faible chez une personne qui ne subit pas de stress. Les états physiologiques qui stimulent sa sécrétion sont: le jeûne, l'exercice, l'hypoglycémie et le stress.

Depuis environ dix ans, nous entendons parler de l'hormone de croissance, mais plus intensément au début des années 90 avec les injections de cette hormone considérée comme la «fontaine de Jouvence». L'hormone de croissance donnerait la jeunesse, la virilité, combattrait la dépression, l'ostéoporose, aiderait à la cicatrisation des plaies, etc. Cette hormone est encore fabriquée à l'âge adulte, à un taux de beaucoup inférieur à celui nécessaire pour la croissance de l'enfant. Pourquoi est-elle encore fabriquée chez l'adulte?

C'est une hormone qui, même en petite quantité, renforce et stimule le système immunitaire.

Mes recherches et résultats cliniques prouvent qu'un taux plus élevé que la normale de l'hormone de croissance affecte énormément les cellules et ensuite les systèmes du corps.

Dr. René Girerd: «Ce serait accorder fort peu de souplesse aux théories de Selye que de croire que la réponse hormonale au stress est toujours qualitativement identique. Nous pensons que la réponse à des «microstress» permanents est peut-être déviée en faveur de la STH et des minéralo-corticoïdes, alors que l'ACTH et les glucocorticoïdes, hormones de secours à décharge rapide, sont moins immédiatement requis et réservés surtout aux cas d'urgence.»

«L'hormone somatotrope qui, comme nous l'avons vu, influence fortement l'histoire du tissu mésenchymateux a une signification biologique autrement plus grande que celle que son nom laisse supposer.»

Chez l'adulte la STH stimule et augmente les réactions biochimiques, accélère les divisions cellulaires et augmente ainsi le potentiel fonctionnel de chaque organe réceptif.

Chez l'enfant, l'hormone de croissance agit au niveau de la régulation du nombre de divisions cellulaires, appelées mitoses. Au début du développement embryonnaire, les divisions se suivent avec un délai minimum. Plusieurs mitoses se déroulent en quelques heures. Le rythme ralentit de plus en plus au cours de la croissance et, chez l'adulte, des semaines, des mois, voire des années (périodes de repos) peuvent s'écouler entre les divisions successives. Le nombre de divisions chez l'adulte est parfaitement adapté à ses besoins. Il est toujours assez élevé dans l'intestin ou dans la moelle osseuse qui fabrique les cellules sanguines, car dans ces deux cas, les cellules s'usent rapidement et doivent être remplacées.

Ailleurs dans l'organisme, le nombre de mitoses est inférieur. Il augmente lorsqu'une régénération est nécessaire; il diminue de nouveau lorsque le déficit est comblé. Dans un organisme sans problème, les mitoses se produisent lorsque nécessaire. De la naissance jusqu'à l'âge adulte, il se produit 50 mitoses, selon le Docteur Willem, et à l'âge adulte 20 mitoses. Il est donc important que nos cellules se reproduisent à une vitesse normale pour demeurer en santé le plus longtemps possible.

Chez l'adulte, un taux minimum de l'hormone de croissance est très utile, entre autres, pour la destruction des déchets dans les tissus conjonctifs. Mais une augmentation anormale de l'hormone de croissance dans le sang devient nocive. Elle active alors la division cellulaire, ou mitose, accélérant par le fait même la cicatrisation des plaies et améliorant de beaucoup l'ostéoporose. Donc, pendant 10 ans, 20 ans, c'est la jeunesse assurée. Mais n'oublions pas qu'il ne reste que 20 mitoses aux cellules adultes; ce n'est pas beaucoup.

Lorsque les 20 mitoses sont accomplies, que se passe-t-il?

Ces cellules continuent à vivre en s'affaiblissant et ne sont plus en mesure d'éliminer adéquatement leurs déchets. Des maladies peuvent alors se déclarer, par exemple le cancer.

Donc, l'hormone de croissance stimule et accélère le rythme des divisions cellulaires, ce qui, à la longue, conduit l'organisme à des maladies dégénératives.

Le Docteur Jean-Pierre Willem cite André Gernez: «Chaque organe possède un nombre déterminé de cellules, qui le caractérise et qui caractérise l'espèce.»... «La vie est limitée dans le temps, par le tarissement du pouvoir de division des cellules souches des différentes colonies. Le vieillissement, mais aussi les diverses agressions dont nous sommes l'objet, appauvrissent par destruction ce potentiel initial des cellules-mères.»... «La masse cellulaire, une fois acquise à l'état adulte, ne peut se modifier que dans le sens d'une diminution, qui est un appauvrissement, ou dans le sens d'une augmentation qui devient alors une anomalie tumorale bénigne ou maligne.»

Voici le rôle de la STH sur les différents métabolismes:

1) Synthèse des protéines

La STH augmente le transport des acides aminés dans les cellules musculaires. Elle augmente également la synthèse protéique ainsi que celle du collagène.

2) Métabolisme des glucides

Les actions de la STH sont généralement opposées aux effets de l'insuline. L'hyperglycémie causée par l'administration de l'hormone de croissance résulte d'une diminution de l'utilisation périphérique du glucose, combinée à une augmentation de la production hépatique via la gluconéogenèse. L'insuline et la STH utilisent l'ATP qu'elles se disputent.

3) Métabolisme des lipides

La STH favorise la libération des acides gras et du glycérol du tissu adipeux, elle accroît les acides gras libres de la circulation sanguine et provoque une augmentation de l'oxydation des acides gras dans le foie.

4) Métabolisme des minéraux

La STH, ou plus probablement l'IGF-1 (insuline-like growth factor), favorise un équilibre positif du calcium, du magnésium (Mg) et du phosphore, elle cause la rétention du sodium (Na^+) et du potassium (K^+). Elle pourrait, par conséquent, favoriser l'augmentation ou la diminution de l'enzyme Na^+/K^+-ATPase et ainsi créer un déséquilibre de la membrane cellulaire, pour déclencher la cascade de l'acide arachidonique. **L'IGF-1** est fabriqué par le foie, sous l'influence de la STH. Il active les pompes Na^+/K^+-ATPase.

Marie-Josée Durieux: «Expérimentalement, on peut d'ailleurs provoquer une arthrose par des moyens variés: traumatismes divers, excès ou défaut

de pression sur certaines articulations, lésions vasculaires, injection de certaines enzymes ou d'**hormone
de croissance.**»

Selon les Docteurs Willem et Gernez, la STH est
emballée dans certaines maladies dégénératives
comme la sclérose en plaques, la schizophrénie ou
d'autres. Il existe une corrélation entre l'hormone de
croissance et la pathologie dégénérative.

L'hormone de croissance stimule la synthèse des
protéines et des polysaccharides sulfatés du tissu
conjonctif; elle provoque la rétention du calcium, du
phosphate, du potassium et du sodium et elle
s'oppose à la pénétration du glucose dans les tissus
musculaires. Alors, dans les traumatismes ainsi que
les chocs, il y a apparition ou augmentation des
protéines de stress. En sachant que la STH stimule la
synthèse des protéines, il n'y a qu'un pas à franchir
pour penser que la STH, en plus grande concentration dans le sang, favoriserait la sortie des
protéines de stress.

O.V. Sirek M.D. M.A. Ph.D., Anna Sirek M.D. M.A.
Ph.D., Faculté de médecine, Université de Toronto:
«Le taux de sécrétion (de l'hormone de croissance)
peut s'écarter brusquement du niveau basal de
plusieurs centaines de pour cent d'une manière
prévisible. La sécrétion de l'hormone de croissance
s'élèvera rapidement dans les *états hypoglycémiques*, pendant le jeûne, les exercices, l'anesthésie,
la chirurgie, en réponse à un stress émotionnel. Les
variations sont plus prononcées chez les femmes que

chez les hommes du fait que la sécrétion de l'hormone de croissance est produite aussi par les oestrogènes.»

Selon la nature du choc, le taux de STH peut changer considérablement en quelques minutes.

Dans les années 50, Selye a mentionné que «la STH administrée en quantités massives, entraîne également le rhumatisme articulaire aigu, le diabète, les maladies du coeur et des artères.»

Dans les années 90, les chercheurs Gernez et Willem citent d'autres maladies occasionnées par la STH; Soly Bensabat y associe l'arthrose. Nous pouvons y ajouter les maladies rhumatoïdes et inflammatoires. Le nombre de maladies occasionnées par la STH devient très important, ne trouvez-vous pas?

Voici la liste des maladies déclenchées par l'augmentation anormale de la STH, ainsi que les chercheurs concernés:

Hans Selye:
- le rhumatisme articulaire aigu,
- le diabète,
- les maladies du coeur et des artères,
- les maladies rhumatoïdes et inflammatoires,
- les maladies des reins.

Soly Bensabat:
- l'arthrose.

André Hoerter:
- l'arthrose.

André Gernez et Jean-Pierre Willem:
- le vieillissement,
- le cancer,
- l'athéromatose (infarctus, hémiphégie),
- la sclérose en plaques,
- la schizophrénie,
- la démence d'Alzheimer.

Selon mes recherches et les résultats cliniques obtenus, les maladies suivantes semblent avoir un rapport avec l'augmentation anormale de la STH:
- la polyarthrite rhumatoïde,
- la spondylite ankylosante,
- l'arthrite rhumatoïde,
- l'arthrite rhumatoïde psoriasique,
- l'arthrite inflammatoire,
- le rhumatisme inflammatoire,
- l'arthrose avec inflammation,
- les douleurs musculaires avec inflammation,
- l'ostéoarthrose avec inflammation,
- la fibromyalgie,
- la colite ulcéreuse,
- l'épicondylite,
- la rectite ulcéreuse,
- l'érythème noueux,
- les dépôts de calcium avec inflammation,
- la péricardite sèche,
- le lupus érythémateux.

Selye: «Parmi le grand nombre d'hormones que sécrète généralement l'hypophyse, à part l'ACTH qui stimule les surrénales, la STH semblait jouer un rôle important dans la manifestation du «syndrome d'être malade». Je poursuivis mes expériences en administrant de la STH en quantités massives afin d'observer les effets qu'elle produirait. Le résultat ne se fit pas attendre: rhumatisme articulaire aigu, diabète, maladies du coeur et des reins.»

André Hoerter: «Les arthroses sont aussi des affections locales (hanches, genoux, doigts, vertèbres) qui semblent relever en grande partie de l'âge critique, à partir de l'arrêt de l'activité gonadique et sexuelle liée à une surproduction de somatotrophine STH, dont nous avons déjà indiqué l'influence sur les cartilages de conjugaison. D'autres facteurs entrent aussi en ligne de compte: mécaniques et liés à la sénescence.» Car l'hormone de croissance en plus grande quantité dans le sang risque d'accélérer certains processus biochimiques des cellules.

Selye: **«La sous-alimentation rend le corps perméable aux corticoïdes anti-inflammatoires, tandis que la suralimentation augmente l'effet des hormones pro-inflammatoires.»** Exemple: un repas riche en protéines augmente la STH.

Il a été constaté que les baisses de sucre sont régularisées lorsque le système glandulaire fonctionne normalement. Il en est de même pour la STH. Nous savons également que l'hypoglycémie est le symptôme important du déséquilibre glandulaire. Mais dans les cas de fortes baisses de sucre, qu'arrive-t-il pour la libération de la STH? Il arrive tout simplement une hausse de la quantité de STH dans le sang et comme c'est une hormone qui active certains métabolismes, c'est alors le métabolisme le plus faible qui va en subir les conséquences.

Voici les heures des baisses de sucre sanguin ainsi que celles de la sortie de la STH:

HEURES DE BAISSE DU SUCRE:

7 hres	9-10 hres	midi	14-15 hres	20-21 hres	1-3 hres

HEURES DE SORTIE DE LA STH:

7 hres	9 hres	midi	15 hres	21 hres	1 hres

«Physiologie humaine», 1989, par Arthur J. Vander M.D., James H. Sherman, Ph.D. et Dorothy S. Luciano,Ph.D.

Selon les dernières recherches, le taux le plus élevé de la STH, sur une période de 24 heures, se situe à 2 heures A.M.

Les heures des baisses de sucre (hypoglycémie) correspondent à différents symptômes chez les personnes. La relation entre les deux séries est frappante. Cela rejoint les recherches qui mentionnent que l'hypoglycémie fait augmenter la STH. Plus fort, plus intense est le déséquilibre glandulaire, plus forte sera la baisse de sucre, plus intense sera la sortie de l'hormone de croissance (STH).

Selye: «En d'autres termes, nous avons appris que l'organisme possède un système de contrôle et d'équilibre si efficace qu'en principe nous nous adaptons parfaitement à tout ce qui peut nous arriver dans la vie. Mais ce mécanisme ne fonctionne pas toujours à la perfection: ses réactions sont parfois trop faibles et ne procurent pas la protection nécessaire; parfois, au contraire, elles sont trop fortes et nos réactions excessives au stress nous causent elles-mêmes des blessures.»

La sécrétion excessive de STH ressemble à la trop forte concentration des injections de STH données lorsqu'il y a un manque de cette hormone durant la croissance. Les médecins administrent, selon les cas, de la STH synthétique.

Voici les effets nocifs de la STH synthétique donnée en injection, constatés par différents chercheurs:

Saggese G; Baroncelli GI; Bertelloni S; Cinquanta L; DiNero G: le traitement cause des modifications dans le métabolisme minéral et une augmentation significative de la densité osseuse. Pendant la thérapie, une diminution du taux de calcium dans le sérum fut remarquée ainsi qu'une augmentation de phosphate.

Lehrman S: enflure aux articulations, syndrome du tunnel carpien, rétention d'eau, élévation de l'insuline ou du sucre sanguin.

La Franchi S et Patlak N: l'hypothyroïdie, l'hypertension et la leucémie.

Coroley G; Hager M et Barnum A: l'hypertension, de l'arthrite, un trouble du coeur, et une possibilité du cancer du côlon ou de la leucémie.

Ces recherches sur le traitement à l'hormone de croissance démontrent que l'augmentation de la STH (par injection) peut donner de sérieuses maladies.

Dr. Gernez: «La somatothormone est emballée dans certaines maladies dégénératives comme la sclérose en plaques, la schizophrénie ou autres. Quand on fait par exemple l'analyse des facteurs de croissance dans le sang d'un schizophrène on se rend compte qu'il y en a trois fois plus que chez un homme normal. C'est comme cela qu'on a pu dire que ce sont les facteurs de croissance qui créent cet emballement, qui développent toutes ces cellules qui normalement doivent être récessives. C'est-à-dire qu'elles sont à l'état latent, ne travaillent plus. Et c'est cet emballement dû à la somathormone qui est responsable de ces maladies.» Il est certain que l'hormone de croissance joue un rôle déterminant dans beaucoup de maladies auto-immunes, au niveau du déclenchement de la cascade de l'acide arachidonique.

Nous continuons donc à citer les Dr. Gernez et Willem: «Nous voudrions attirer l'attention sur la corrélation positive qui existe entre l'hormone de croissance et la pathologie dégénératrice. L'analyse de cette corrélation aboutit à proposer, au contraire du mouvement actuel, le tarissement de l'hormone de croissance chez l'adulte à des fins de prévention et de traitement précoce de cette pathologie dégénérative. Sa suppression naturelle avec l'âge ou son tarissement chirurgical ou radio-thérapique ne s'accompagne d'aucun effet pathologique, immédiat ou retardé (Linquette, Schanb). La persistance de sa sécrétion se traduit par un effet permissif ou activateur des différentes expressions de la pathologie dégénérative.»

Chapitre V

LE SYSTÈME IMMUNITAIRE

«Notre plus grand progrès dans la
Science est peut-être entre les mains
d'hommes qui sont enclins et aptes à
ignorer les classifications artificielles
que nous avons érigées.»

Melvin Calvin

Le système immunitaire peut être comparé à
des forces armées de police qui doivent réagir au
moindre problème afin de maintenir l'intégrité de
l'organisme en neutralisant les ennemis étrangers et
les contestataires (cellules cancéreuses). Bref, tout ce
qui est «non conforme» aux normes personnelles de
l'organisme.

Le système immunitaire permet à l'organisme
d'identifier un élément extérieur, de l'isoler et de se
mobiliser pour le détruire. La réponse immunologique résultant de cette réaction antigène-anticorps
varie selon trois principales possibilités:

- elle aboutit le plus souvent à une protection
bénéfique, laquelle constitue le principe même de
l'immunisation naturelle;

- elle peut être malfaisante et donner lieu à une

maladie immunologique, comme une affection auto-immune (réaction contre certaines cellules appartenant à l'organisme);

- elle peut être nulle, indifférente, caractérisant l'état de tolérance immunologique. Nous retrouvons cette possibilité dans quelques cas, notamment durant la grossesse.

L'antigène et l'anticorps possèdent des régions étroitement complémentaires qui leur permettent de se combiner spécifiquement l'un à l'autre. La région complémentaire de l'antigène s'appelle site antigénique. Généralement, un antigène possède plusieurs sites antigéniques, chacun d'eux étant susceptibles de réagir avec un anticorps différent de chaque site.

Ce principe de complémentarité entre l'antigène et l'anticorps peut être comparé à l'introduction d'une clé dans une serrure. Les deux molécules réagissantes sont tenues ensemble par des liaisons faibles mais nombreuses.

Les immunoglobulines sont des anticorps composés de protéines. Il existe 5 groupes d'immunoglobulines: IgG, IgA, IgD, IgE et IgM.

La complémentarité antigène-anticorps est un élément indispensable à l'efficacité du système et a la capacité de compléter certaines réactions immunitaires.

LES GLOBULES BLANCS

Selon le précis de biochimie de Harper de 1995, le nombre de globules blancs se situe entre 5 000 et 10 000/ml.

Les taux de globules blancs suggérés par les laboratoires d'analyse:

en 1972, entre 6 000 et 10 000

en 1973, entre 5 000 et 10 000

en 1993, entre 4 500 et 10 800

en 1996, entre 4 200 et 10 000.

Ces normes proviennent d'une moyenne d'échantillonnage d'environ 1000 individus. Plus le nombre de globules blancs est élevé, plus l'organisme est fort et capable de se défendre.

Il est inconcevable d'admettre comme normale la moyenne de 4 000 globules blancs. Ces normes indiquent bien la baisse de vitalité des individus aux prises avec le stress et l'affaissement de leur système immunitaire.

La leucocytose est l'augmentation des leucocytes au-delà de 10 000, qui pourrait réfléter une inflammation ou encore une grave infection. La leucopénie est une baisse des leucocytes en-dessous de 4 000 par millimètre cube.

La plupart des globules blancs sont formés dans la moelle osseuse et les tissus lymphoïdes (rate, amygdales, ganglions lymphatiques).

Il existe cinq types de globules blancs spécialisés:

1) **les neutrophiles** arrivent les premiers sur le lieu de l'infection. Ils sont très actifs contre les bactéries et virus et ont un grand pouvoir de phagocytose.

2) **les éosinophiles** s'attaquent aux allergies comme l'asthme et aux infections parasitaires. Ces cellules présentent des phénomènes de phagocytose et de chimiotaxie.

3) **les basophiles** s'adressent surtout aux inflammations chroniques.

4) **les lymphocytes** proviennent des tissus lymphoïdes et des ganglions lymphatiques. On en retrouve dans les inflammations chroniques.

5) **les monocytes** sont formés par la moelle osseuse, par la rate et par les cellules des capillaires. Ils migrent vers les tissus infectés et sont alors appelés macrophages libres. Ces cellules sont activement phagocytaires.

Voici la répartition des leucocytes dans le sang retrouvée sur les feuilles de résultats de laboratoires d'analyse, selon Stella Weller:

neutrophiles: 50 - 70%
éosinophiles: 1 - 4%
basophiles: 0,5 - 2%
lymphocytes: 20 - 40%
monocytes: 2 - 6%

Nous accordons une très grande importance aux lymphocytes qui proviennent des tissus lymphoïdes. Ils sont dispersés à travers tout le corps pour accomplir de nombreuses fonctions.

La moelle osseuse est responsable de la production des lymphocytes B. Lorsqu'un antigène se présente, celui-ci se transforme en plasmocyte producteur d'anticorps.

Le thymus, très important pour le système de défense, transforme certains lymphocytes en lymphocytes T:

Lymphocytes T auxiliaires: incitent les lymphocytes B à produire plus d'anticorps.

Lymphocytes T suppresseurs: inhibent la production d'anticorps.

Lymphocytes T d'hypersensibilisation retardée: sécrètent plusieurs lymphokines ayant un rôle important dans l'hypersensibilité (allergie).

Lymphocytes amplificateurs: augmentent l'activité des lymphocytes T auxiliaires et suppresseurs et des lymphocytes B.

Lymphocytes T à mémoire: sont capables de reconnaître, après des années, des antigènes envahisseurs.

Cellules K: détruisent les antigènes directement, en sécrétant les lymphotoxines et indirectement en sécrétant les lymphokines. Elles sécrètent aussi l'interféron.

Les monocytes ont également une importance particulière. Ils se déplacent à travers les tissus par des mouvements amiboïdes. Les monocytes qui se trouvent dans les tissus depuis plusieurs heures gonflent et deviennent des macrophages libres. Ils se déplacent rapidement jusqu'au niveau d'une lésion tissulaire. Ils sont alors capables de capturer et de détruire beaucoup plus de bactéries et de débris tissulaires, parce que les propriétés phagocytaires des macrophages sont supérieures à celles des neutrophiles. Les macrophages contiennent beaucoup d'enzymes, en particulier des lipases, et possèdent le pouvoir d'absorber l'acide ascorbique.

LA CHIMIOTAXIE

Lorsqu'une zone tissulaire est d'une part atteinte ou lésée par un élément quelconque, des virus ou des bactéries, et d'autre part atteinte ou lésée par une hormone pro-inflammatoire, elle libère diverses substances chimiotactiques, dont l'une est appelée leucotoxine. Ces substances diffusent dans toutes les directions. Les substances chimiotactiques attirent, sur la zone tissulaire atteinte, des cellules produisant des éléments pro-inflammatoires. La chimiotaxie est valable contre les virus, les bactéries, etc. Cependant, dans le cas d'arthrites rhumatoïdes et inflammatoires, où il n'y a pas de virus ni de bactéries, l'inflammation apparaît ou évolue.

Les globules blancs sécrètent de nombreuses substances, dont la fibronectine. C'est une protéine de guérison qui permet la cicatrisation; elle est produite lors de blessure.

Lors de certaines maladies inflammatoires, la sécrétion de ces différentes substances est excessive et cause des dommages. Les globules blancs fabriquent des matières qui aident à la guérison, mais ils ne savent plus s'arrêter. En poursuivant ce processus de guérison pendant des années, ils entraînent une cicatrisation excessive; des déformations s'ensuivent. La cicatrisation est tellement prédominante qu'elle prend la place du cartilage; l'articulation est donc détruite par les tissus cicatriciels (exemple: arthrite rhumatoïde).

LE SYSTÈME LYMPHATIQUE

Le système lymphatique draine les liquides des espaces tissulaires, transporte les graisses du tube digestif au sang, joue un rôle de surveillance et de défense. Il est formé de la lymphe, des vaisseaux lymphatiques et de structures contenant du tissu lymphoïde (tissu lymphoïdes diffus, follicules lymphoïdes dont les amygdales, ganglions lymphatiques, rate, thymus). Les vaisseaux lymphatiques prennent naissance dans les espaces tissulaires et on les retrouve partout dans l'organisme, sauf dans les tissus non vascularisés.

Le ganglion lymphatique filtre la lymphe. C'est également un lieu de formation d'anticorps. Les ganglions lymphatiques sont situés le long des vaisseaux lymphatiques aux points suivants: les aisselles, les aines, le cou, l'abdomen et la poitrine.

Les amygdales produisent des lymphocytes et des anticorps.Une des fonctions de la rate est de détruire et d'évacuer les hématies vieilles ou malades ainsi que les bactéries.

Walter Pierpaoli et William Regelson: «Le rôle principal du thymus est d'accueillir les cellules précurseurs des lymphocytes qui proviennent de la moelle osseuse. Ces cellules se multiplient dans le thymus et se différencient des cellules thymiques, les lymphocytes T (T pour thymus). Puis ces lymphocytes quittent le thymus pour aller exercer dans tout l'organisme un rôle de surveillance. En effet, lors de leur séjour dans le thymus, ils ont appris à «reconnaître » les antigènes appartenant à l'organisme et à les distinguer des antigènes étrangers.»

Pour sa part, le Dr. Kenneth R. Pelletier mentionne que: «La capacité de réagir à un antigène repose sur le bon fonctionnement du thymus qui dépend des impulsions qui lui sont envoyées par l'hypothalamus dans le but de mettre en marche le système immunitaire»

«Le thymus, de par sa relation avec l'hypothalamus, réagit lui-même au stress, et il occupe une place essentielle dans la boucle de retour qui régit le système endocrinien. Le fonctionnement du thymus affecte en particulier la production de thyroxine par la thyroïde, laquelle active le métabolisme et fait augmenter le rythme cardiaque. La modification des taux d'hormones par le stress a souvent pour résultat d'accroître la quantité de corticostéroïdes dans le sang sous forme de corticoïdes pro-inflammatoires et anti-inflammatoires. Quand leur présence se prolonge dans l'organisme, il peut en résulter un déséquilibre qui menace sérieusement l'efficacité des mécanismes de défense immuni-taires.»

Chapitre VI

LES ACIDES GRAS ESSENTIELS

«Ce n'est pas bon signe de nier quelque chose que l'on constate, simplement parce qu'on ne le comprend pas.»
Professeur G. Picardi

Les acides gras fournissent de l'énergie à l'organisme. Ces acides gras ainsi que les protéines et les glucides sont nécessaires au cycle de Krebs qui fournit l'adénosine triphosphate (ATP).

Louise Lambert-Lagacé et Michelle Laflamme soutiennent que: «Les acides gras essentiels maintiennent également l'intégrité de toutes les cellules de notre corps. Ils s'assurent que chaque cellule est bien enveloppée d'une mince pellicule de gras qui protège le contenu intérieur et permet les bons échanges avec l'extérieur, qu'il s'agisse d'une cellule nerveuse, d'une cellule du foie ou de la peau.» J'ajouterai donc qu'ils permettent un fonctionnement normal du système immunitaire et anti-inflammatoire.

Le manque d'acides gras essentiels perturbe l'étanchéité ou la perméabilité des membranes cellulaires, elles deviennent hyperréactives. Nous avons alors une hyperperméabilité membranaire.

LES LIPIDES

Les lipides sont des constituants importants de notre alimentation à cause de leur valeur énergétique et de leur association avec les vitamines liposolubles. Ils sont groupés selon leurs propriétés communes de liposolubilité.

Les cellules contiennent 2 à 3% de lipides. Leur concentration est plus élevée dans la membrane cellulaire et dans les membranes qui bordent les structures intra-cytoplasmiques, comme le réticulum endoplasmique et les mitochondries. Les lipides de chacune des membranes constituent une barrière entre les solutions situées des deux côtés de la membrane. Cette dernière est imperméable aux diverses substances dissoutes.

Un lipide combiné à une protéine s'appelle une lipoprotéine. Les lipoprotéines séparent les différents compartiments internes de la cellule. Il y a 4 grandes catégories de lipides présents dans les lipoprotéines:

a) les triacylglycérols

c) le cholestérol

b) **les phospholipides**

d) les esters du cholestérol.

Ceux qui nous intéressent dans cet ouvrage sont les phospholipides. Ils englobent les groupes suivants:

1) l'acide phosphatidique et les phosphatidylglycérols,

2) la phosphatidylcholine (lécithine),

3) la phosphatidyléthanolamine,

4) la phosphatidylinositol,

5) la phosphatidylsérine,

6) les lysophospholipides,

7) les plasmalogènes,

8) les sphingomyélines.

Le phosphatidylcholine contient de la choline. Le posphatidylinositol contient de l'inositol. Ces deux phospholipides composent l'acide arachidonique.

Dans toutes les matières grasses que nous consom-mons, il y a trois sortes d'acides gras:

° les acides gras saturés provenant des graisses animales (viande, produits laitiers).

° les acides gras monoinsaturés provenant de l'avocat, du sésame, des noix et des olives.

° les acides gras polyinsaturés provenant des huiles végétales, du germe de blé, des huiles de poisson, des légumes, des abats et des céréales.

Les deux sortes d'acides gras essentiels (donc ceux que l'organisme est incapable de fabriquer) sont:

a) l'acide linoléique et ses dérivés, c'est la famille Oméga 6;

b) l'acide alphalinolénique et ses dérivés, c'est la famille Oméga 3.

Ces acides gras essentiels doivent se retrouver dans notre l'alimentation.

<u>Huiles riches en acide linoléique (Oméga 6):</u>
° huile d'onagre
° huile de graines de pavot
° huile de maïs
° huile de carthame
° huile de tournesol
° huile de graines de citrouille
° huile de graines de sésame

<u>Huiles riches en acide alphalinolénique (Oméga 3):</u>
° huile de poisson des mers froides et fruits de mer
° huile de lin
° huile de canola
° huile de noix de Grenoble
° huile de germe de blé
° huile de soya

Suite à des réactions biochimiques, les deux acides se transforment en leurs dérivés. L'acide linoléique se transforme en acide gammalinolénique, puis en acide arachidonique. L'acide alphalinolénique se transforme en acide docosahexaénoïque.

Ensuite, l'acide arachidonique est transformé en acides gras insaturés plus complexes qui entrent dans la composition du système nerveux. L'acide arachidonique est l'un des plus importants et des plus actifs parmi les acides gras essentiels. Il joue un rôle vital dans la structure des cellules: il participe à la production des prostaglandines et intervient enfin au niveau du système immunitaire.

Lorsque notre organisme fonctionne bien, même une grande quantité d'acide linoléique provenant de notre alimentation est transformée de façon normale en acide arachidonique et le surplus est utilisé comme énergie.

Dr. Kousmine souligne d'autre part que: «Dans la nature, l'acide linoléique n'existe que sous la forme cis-cis; son isomère l'acide cis-trans-linoléique, est un produit de l'activité humaine. Dans les corps gras vendus dans les commerces courants et manipulés par les industries, la forme cis-cis est remplacée par la forme cis-trans, laquelle non seulement ne peut se transformer elle-même en prostaglandine PGE_1, mais encore bloque la forme cis-cis présente et en augmente la carence.»

Ces acides gras «trans» se retrouvent dans les aliments qui subissent le procédé d'hydrogénation, appelé le durcissement des huiles naturelles, dans la fabrication de la margarine ou dans les huiles raffinées que l'on retrouve sur nos marchés.

Nous ne pourrions pas vivre sans les acides gras essentiels. Ils jouent en effet un rôle métabolique considérable.

Selon le précis de Harper: «La faible incidence des maladies cardiaques, la diminution de l'agrégation des plaquettes sanguines et le prolongement des temps de coagulation chez les Esquimaux du Groenland sont attribués à l'ingestion élevée d'huile de poisson contenant un acide gras, l'acide eicosapentaenoïque, qui donne naissance aux prostaglandines (PG_3) et aux thromboxanes (TX_3) de la série 3. Les PG_3 et les TX_3 inhibent la libération des arachidonates des phospholipides et la formation des PG_2 et des TX_2.»

Les prostaglandines constituent une classe d'hormones d'origine locale, caractérisées par leur puissance d'action. Il y a au moins 30 sortes de prostaglandines. Elles sont synthétisées par l'organisme à partir d'acides gras polyinsaturés.

Voici leurs caractéristiques: elles sont très puissantes et très rapidement métabolisées. Il suffit à peine d'une minute et demie pour détruire 90% de la prostaglandine injectée à un sujet.

ORIGINE DES PROSTAGLANDINES

Voici l'explication du schéma sur l'origine des prostaglandines des séries 1, 2 et 3:

La transformation de l'acide linoléique (Oméga 6) en acide gamma-linolénique est aidée par le zinc, le magnésium, la vitamine B_6 et la biotine. La réaction vers l'acide dihomo-gamma-linolénique (AGL) est aidée par les vitamines B_3, B_6, C, le zinc et le magnésium.

Pour former les prostaglandines (PGE_1) à partir de l'acide dihomo-gamma-linolénique, nous avons besoin des vitamines C et B_3.

L'*acide arachidonique* provient en particulier de la synthèse cellulaire et de notre nourriture de source animale. Il forme les prostaglandines PGE_2.

L'*acide alphalinolénique* provient des végétaux et forme l'*acide stéaridonique*. Cet acide forme l'*acide eicosapentaenoïque* (EPA). L'EPA provient également des huiles de poisson (Oméga 3) des mers froides. L'EPA forme les prostaglandines PGE_3.

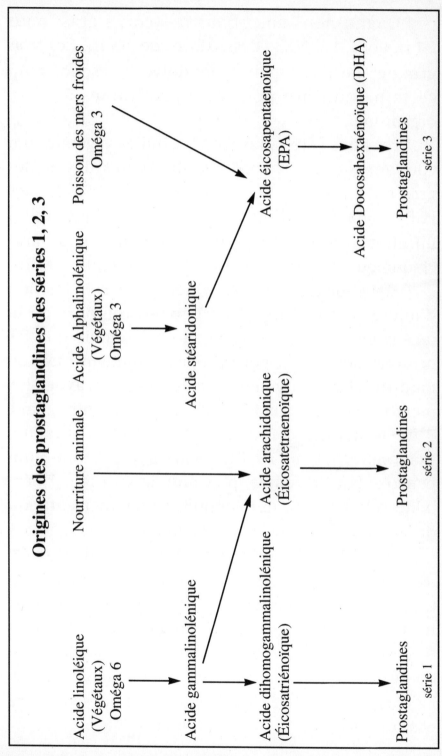

Origines des prostaglandines des séries 1, 2, 3

Quand nous absorbons des corps gras, nous fabriquons des PGE_1, des PGE_2 et des PGE_3. Ces trois groupes de prostaglandines doivent respecter un certain équilibre pour être profitables à notre organisme.

Les bons corps gras sont les huiles végétales qui contiennent en proportions différentes des acides gras polyinsaturés. Selon Terry Willard, Ph.D., «les PGE_1 augmentent l'activité de l'AMPcyclique (qui a un effet anti-inflammatoire), inhibent l'acide arachidonique, et activent la fonction du lymphocyte T.»

Et Laborit d'ajouter: «Quelle que soit l'action d'une prostaglandine, elle dépend toujours de la teneur en ions Ca^{2+} du milieu et il semble que les prostaglandines ont pour propriété fondamentale de modifier les mouvements calciques à travers les membranes, l'extrusion calcique s'accompagnant d'un transfert d'ions Na^+ vers le cytoplasme (Ramwell et Shan, 1970).» Plus il y a de Ca^{2+} qui pénètre dans la cellule, plus grande sera la perméabilité cellulaire, ce qui conduit à une augmentation de la cascade de l'acide arachidonique.

Les PGE_2 sont constamment en excès dans notre organisme à cause de notre alimentation: beaucoup trop riche en viande et pauvre en végétaux, en huiles pressées à froid et en poisson des mers froides. Notre alimentation n'est pas la seule cause de l'excès de PGE_2; il y a aussi notre mode de vie, l'alcool, la cigarette, les drogues et le déséquilibre glandulaire.

Voici quelques-unes des utilités des prosta-glandines PGE_1: stimuler le thymus, nourrir les lymphocytes T défaillants, empêcher la sortie des enzymes des lysosomes, régulariser les neurotrans-metteurs du cerveau et empêcher la formation de caillots (thromboses). Elles jouent également un rôle dans la formation de l'AMPcyclique et modifient ainsi les réactions des cellules à une hormone dont l'action nécessite la présence d'AMPcyclique. Selon Laborit, «Baba et coll. (1984) montrent que l'acide linoléique et les acides gras insaturés augmentent la formation de l'AMPc.» Elles contrôlent donc l'inflam-mation et la stimulation de la production des stéroïdes.

Ainsi, selon Giorgio Perotti, biologiste: «Nous avons vérifié très récemment les effets vraiment remarquables joués dans l'arthrite rhumatoïde par les huiles polyinsaturées riches en acide linolénique.»

Selon G. Mc Veigh: «Au sujet de l'alimentation de l'arthrite rhumatoïde et de l'ostéoarthrite, le Dr. Joel Kremer M.D. a comparé les résultats des malades atteints de l'arthrite rhumatoïde qui prenaient de l'huile de poisson et de l'huile d'olive. Après six mois, l'inflammation s'améliorait beaucoup plus chez les personnes qui prenaient des capsules d'huile de poisson.» Une autre étude, de Londres cette fois, démontra que le traitement à l'huile de poisson était d'une grande aide dans les cas d'ostéoarthrite.

Les séries Oméga 3 et Oméga 6 requièrent la présence de la Delta-6-désaturase et de la Delta-5-

désaturase pour que les conversions biochimiques puissent se faire dans les membranes cellulaires.

Barry Sears Ph.D. mentionne que l'insuline augmente la Delta-5-désaturase, donc déclenche l'AA: «Parmi les nombreuses prostaglandines, il en existe deux: l'une dérivée de l'acide cis-cis-linoléique, la PGE_1, qui a des propriétés anti-inflammatoires; l'autre dénommée PGE_2, dérivée de l'acide arachidonique provient de l'acide gamma-linolénique, qui est pro-inflammatoire. La santé exige un équilibre entre ces deux prostaglandines.» Cet équilibre devient stable si nous ingérons une quantité suffisante d'Oméga 3 et d'Oméga 6 d'une part et qu'il y a une stabilité des enzymes Delta-6-désaturase et Delta-5-désaturase d'autre part.

L'acide éicosapentaénoïque (EPA) dans la série Oméga 3, est un composant majeur de toutes les membranes cellulaires du corps. Sans les EPA, les membranes cellulaires deviennent instables.

L'EPA contrôle le taux des lipoprotéines à haute et basse densité (HDL/LDL). Il joue ainsi un rôle majeur au niveau des problèmes de cholestérol.

Voici ce qui inhibe l'enzyme Delta-6-désaturase si importante pour maintenir la stabilité des corps gras essentiels, selon Terry Willard Ph.D.:

1- les gras saturés,
2- les acides gras «trans», comme la margarine, formés par le procédé d'huile végétale,
3- l'alcool,
4- l'adrénaline,

5- les glucocorticoïdes, le cortisol en particulier,

6- une alimentation faible en protéines,

7- une grande quantité de glucose (sucre),

8- un haut taux de cholestérol.

Une hyperperméabilité membranaire peut se produire à tout moment dans toutes les cellules de notre corps, selon les endroits les plus faibles. Je répète encore une fois ce que Selye mentionne: «Il y a toujours un maillon dans la chaîne glandulaire qui peut céder, on ne sait pas quel maillon peut céder ni quand il va céder.» La maladie se prépare ainsi lentement et fatalement au fil des années.

Le déséquilibre glandulaire joue un rôle de premier plan dans les maladies rhumatoïdes et inflammatoires. Il est le principal déclencheur de la cascade de l'acide arachidonique avec le jeu des hormones anti et pro-inflammatoires. Ces hormones peuvent déclencher la cascade ou alors augmenter l'inflammation déjà en place.

Chapitre VII

LA CELLULE

«L'avenir est entre les mains de ceux qui auront su donner aux générations de demain des raisons de vivre et d'espérer.»

Teilhard de Chardin

On retrouve (selon les auteurs) entre 60 et 100 milliards de cellules dans l'organisme, regroupées et spécialisées en tissus et en organes.

LES STRUCTURES DE LA CELLULE

Voici la description des principaux constituants de la cellule:

Le **noyau** contient les facteurs héréditaires de la cellule. Il est séparé du cytosol par une membrane double, la membrane nucléaire.

Le **cytosol** est la substance fondamentale présente entre la membrane cellulaire et le noyau, dans laquelle se trouvent différents composants cellulaires (ribosomes, mitochondries, réticulum endoplasmique, appareil de Golgi, lysosomes). C'est le lieu de multiples réactions chimiques.

Les **ribosomes** fabriquent les protéines. Ils reçoivent des directives génétiques et les traduisent en protéines.

Les **mitochondries** sont des structures sphériques, allongées ou filamenteuses qui transforment nos aliments en énergie. Elles sont appelées les centrales énergétiques de la cellule, parce qu'elles sont le site de production de l'ATP.

Le **réticulum endoplasmique** est un réseau de canalicules parcourant le cytosol. Il se divise en deux types principaux: le réticulum endoplasmique granuleux, qui est parsemé de ribosomes et le réticulum endoplasmique lisse, qui n'en possède pas. Le réticulum endoplasmique constitue le terrain où se produisent les réactions chimiques.

L'**appareil de Golgi** est généralement situé près du noyau. Sa principale fonction est de préparer et de sélectionner les protéines et de les envoyer à différents endroits de la cellule.

Les **lysosomes** apparaissent comme des sphères. Ils sont formés à partir de l'appareil de Golgi et possèdent une double membrane. Ils contiennent de puissantes enzymes digestives qui peuvent dégrader certaines molécules, et sont capables de digérer les bactéries qui entrent dans la cellule. Laborit d'ajouter: «Les enzymes lysosomales sont à l'origine de l'activation des kinines et de la dégranulation des mastocytes qui contiennent l'histamine et la sérotonine, tous facteurs d'hyperperméabilité capillaire et vasculaire locale.» Autrement dit, lorsque le contenu des vésicules est libéré, l'action peut se faire sentir sur la substance fondamentale ainsi que sur la perméabilité cellulaire. Il semble bien que, pour une cellule saine, la membrane lysosomiale soit imperméable aux enzymes. Si la cellule est lésée, la membrane lysosomiale libérera ses enzymes. C'est alors que survient l'autolyse, qui est un processus d'autodestruction de la cellule. Ces enzymes favorisent des réactions qui dégradent la cellule en ses différents composants chimiques.

La **membrane cellulaire** ou membrane plasmique est une membrane très mince qui sépare la cellule des autres cellules et du milieu externe. Elle est composée approximativement de 60% de protéines et 40% de lipides (dont les phospholipides). Les autres éléments de la membrane sont le cholestérol, l'eau, les glucides et des ions. Sa structure est très visqueuse et élastique. La membrane plasmique jouit de la perméabilité sélective; elle agit à la façon d'une barrière. Elle maintient donc les différences de composition entre l'intérieur et l'extérieur de la cellule. La perméabilité sélective est assurée par des canaux et des pompes pour les ions et les substrats et par des récepteurs spécifiques pour les substances chimiques comme les hormones. Les membranes plasmiques échangent du matériel avec l'environnement extracellulaire par des processus passifs ou actifs.

Certaines protéines structurales de la membrane sont associées à des chaînes ramifiées de glucides.

Ces ensembles de protéines et de glucides sont appelées **glycoprotéines**, et constituent des sites récepteurs qui permettent aux cellules du même type de se reconnaître, de s'unir pour former un tissu et, par le fait même, de reconnaître les cellules étrangères possiblement dangereuses et d'agir en conséquence. Cela leur permet également de reconnaître les produits chimiques, les hormones et les éléments nutritionnels.

Des altérations importantes de la structure membranaire peuvent affecter l'équilibre hydrique et le mouvement des ions et, par conséquent, tous les processus à l'intérieur de la cellule.

Le liquide intracellulaire se compose des 2/3 de l'eau totale de l'organisme et sert à la cellule de milieu pour fabriquer, emmagasiner et utiliser l'énergie, se réparer elle-même, se répliquer et accomplir des fonctions spéciales.

Le liquide extracellulaire se compose d'environ 1/3 de l'eau totale. C'est le système de livraison. Il apporte aux cellules les aliments (c.-à-d. glucose, acides gras, acides aminés), l'oxygène, les oligo-éléments et toute une variété de molécules régulatrices (hormones) qui coordonnent les fonctions de cellules très éloignées entre elles.

Le milieu interne de la cellule est riche en K^+ (potassium) et en Mg^{2+} (magnésium). Le liquide extracellulaire est caractérisé par une teneur élevée en Na^+ (sodium) et en Ca^{2+} (calcium). Notons enfin que le glucose est plus élevé dans le liquide extracellulaire que dans la cellule; c'est l'inverse pour les protéines.

Laborit nous explique que: «Le rôle des membranes n'est pas limité au passage sélectif des ions et des molécules de l'extérieur vers l'intérieur du cytoplasme et vice versa. De plus en plus on s'aperçoit que la structure membranaire participe à la «reconnaissance» de l'environnement.»

La perméabilité de la membrane cellulaire règle en effet l'intensité des échanges entre les milieux intra et extracellulaires. Elle gouverne donc l'intensité du métabolisme, et lors de dépolarisation, rétablit la polarisation en assurant l'inégalité des concentrations ioniques de chaque côté de la membrane. Toute dépolarisation rendra la membrane plus perméable et intensifiera les processus métaboliques, et vice versa; et le tout recommence afin de maintenir la polarisation cellulaire. Mais hélas, cette polarisation de la membrane cellulaire n'est pas facile à maintenir, compte tenu du fait que les individus subissent énormément de chocs, ont un mode de vie déréglé, etc. Or, il s'avère qu'à la longue, les membranes cellulaires deviennent incapables de maintenir une polarisation normale ou une perméabilité normale; il s'ensuit donc une hyperperméabilité membranaire.

LA LOI DE LOEB

Le professeur P. Delbet rapporte les lois que Loeb a énoncé:

1. «Toutes les solutions d'un sel unique, même si

ce sel est le soi-disant inoffensif chlorure de sodium, sont toxiques.

2. Toute solution d'un mélange de sels à cation monovalent (Na^+, K^+), et toute solution d'un mélange de sels à cation bivalent (Mg^{2+}, Ca^{2+}) est toxique.

3. Si à une de ces solutions toxiques, celle contenant les sels à cations monovalents, par exemple, on ajoute un peu de solution de sel à cations bivalents, la toxicité est atténuée et elle peut devenir nulle lorsque les différents sels du mélange se trouvent dans une proportion déterminée. Dans ce cas la solution est équilibrée. Tout déséquilibre équivaut à une toxicité.»

D'où l'importance que Loeb attachait au rapport:

$$\frac{Na}{Mg} = \frac{K}{Ca}$$

Avec toute autre valeur, le milieu est plus ou moins déséquilibré et, par conséquent, toxique. Cette nécessité d'un équilibre minéral déterminé, pour assurer le développement et le fonctionnement harmonieux de l'organisme -donc la santé- est une loi universelle.

Voici deux exemples d'un déséquilibre:

1) l'augmentation du calcium (Ca^{2+}) dans la cellule, qui enclenche la formation de l'acide arachidonique;

2) l'enflure ou l'oedème du corps ou des extrémités des membres, qui est déclenchée par une perte de potassium (K^+) de la cellule et une augmentation de sodium (Na^+) dans la cellule.

PROCESSUS DE TRANSPORT DES MEMBRANES CELLULAIRES

Il existe différents moyens pour le transport des substances à travers les membranes cellulaires. Celui qui est le plus intéressant pour la compréhension des maladies rhumatoïdes et inflammatoires, est le processus actif.

Parmi les différents processus actifs, il y a le transport actif, qui permet à des ions d'être déplacés à travers les membranes cellulaires d'un endroit à faible concentration à un endroit de forte concentration. Pour ce déplacement, l'énergie utilisée (jusqu'à 40%) par la membrane provient de l'ATP.

Le transport actif est très important pour le maintien de la concentration de certains ions à l'intérieur de la cellule et pour d'autres ions à l'extérieur de la cellule. Cela s'accomplit grâce à la pompe à potassium, qui permet à la concentration d'ions potassium (K^+) d'être beaucoup plus élevée à l'intérieur de la cellule qu'à l'extérieur. Cette pompe contient une protéine structurale dont l'énergie provient de l'ATP.

La concentration d'ions sodium (Na^+) est plus élevée à l'extérieur qu'à l'intérieur de la cellule. Ce rôle appartient à la pompe à sodium en collaboration avec la pompe à potassium. La pompe à sodium est également une protéine structurale dont l'énergie provient de l'ATP. Ces pompes possèdent l'enzyme Na^+/K^+-ATPase pour leur fonctionnement.

Examinons brièvement les autres processus actifs.

L'*endocytose* permet aux particules et aux

grosses molécules de traverser les membranes cellulaires. Une partie de la cellule entoure la substance pour l'englober et l'entraîner dans la cellule.

L'*exocytose* est le processus inverse, c'est-à-dire le déplacement des substances hors de la cellule.

Il y a trois sortes d'endocytose:

La *phagocytose* se fait avec l'aide de pseudopodes, prolongements cytoplasmiques à l'extérieur de la cellule, qui entourent l'élément saisi et forment un sac, la vacuole phagocytaire. L'élément saisi est ainsi digéré à l'intérieur du sac. C'est grâce à la phagocytose que les leucocytes phagocytaires de l'organisme constituent un mécanisme de défense extrêmement important.

La *pinocytose* se fait de la même façon que la phagocytose, mais il s'agit d'une substance liquide plutôt que solide qui est englobée.

L'*endocytose par récepteur interposé* est le processus d'assimilation de particules et de grosses molécules.

Le travail fonctionnel cellulaire résulte de la mise en jeu d'une succession d'activités enzymatiques en chaîne au niveau de la membrane cellulaire, dont l'ensemble constitue un tout métabolique.

Si l'une de ces réactions est influencée par une hormone pro-inflammatoire, par une hormone anti-inflammatoire, par un excitant alimentaire ou autre, par une carence en minéraux ou une carence en AGE, alors survient un changement de l'activité de la membrane, qui se manifeste par une suractivation de certaines enzymes (phospholipase A_2) et de certains éléments lipidiques (augmentation de PGE_2).

Chapitre VIII

CASCADE DE L'ACIDE ARACHIDONIQUE

> «Notre esprit a une tendance naturelle à rejeter ce qui n'entre pas dans le cadre des croyances scientifiques de notre époque.»
>
> Docteur Alexis Carrel

Notre organisme a besoin d'ingérer certains acides gras polyinsaturés pour la fabrication des eicosanoïdes. Selon Peter A. Mayes Ph.D. D.Sc., dans le précis de biochimie de Harper: «En variant la proportion des différents acides gras polyinsaturés dans la ration alimentaire, il est possible d'influencer le type d'eicosanoïdes synthétisés et, par le fait même, d'influencer le cours de la maladie par l'alimentation.»

Les acides gras insaturés se retrouvent dans les phospholipides de la membrane cellulaire pour le maintien de la fluidité membranaire. Ces acides gras essentiels donnent naissance aux acides gras eicosanoïques (C_{20}), à partir desquels dérivent des familles de composés connus sous le nom d'eicosanoïdes: les prostaglandines, les thromboxanes et les leucotriènes.

Les prostaglandines et les thromboxanes sont des hormones locales rapidement synthétisées lorsqu'elles sont requises et elles agissent près de leur site de synthèse. Elles contrôlent l'aggrégation plaquettaire et inhibent l'effet de l'hormone antidiurétique dans le rein. Les leucotriènes ont des propriétés broncho-constrictives et chimiotactiques qui sont importantes dans les réactions allergiques et inflammatoires.

Pour Peter A. Mayers Ph.D, D.Sc. (Harper): «Les fonctions des acides gras essentiels sont apparemment multiples, mais pas très bien définies, sauf pour ce qui est de la formation des prostaglandines et des leucotriènes. Ces acides ont un rôle à jouer dans le maintien de l'intégrité structurale de la membrane mitochondriale. On les trouve aussi dans les lipides structuraux de la cellule. L'acide arachidonique est présent dans les membranes et représente de 5 à 15% des acides gras dans les phospholipides.»

Et selon Robert K. Murray M.D. Ph.D. (Harper): «Les neutrophiles sont activés, au moyen de récepteurs spécifiques, par une interaction avec des bactéries, laquelle lie des facteurs chimiotactiques ou des complexes anticorps-antigène. La montée du Ca^{2+} intracellulaire qui en résulte touche plusieurs processus dans les neutrophiles.»

«Lorsque les neutrophiles et d'autres cellules phagocytaires englobent les bactéries, il y a une augmentation rapide de la consommation d'oxygène: c'est le métabolisme oxydatif. Ce phénomène est le reflet d'une utilisation rapide de l'oxygène et de la production à partir de l'oxygène de grandes quantités de dérivés réactifs tels que: O_{-2}, H_2O_2, OH^o et OCL^- (ion hypochlorite). Quelques-uns de ces produits sont des agents microbicides puissants.»

Autrement dit, tout changement dans la fluidité membranaire amène l'activation de l'enzyme Ca^{2+} - ATPase et l'accroissement de l'influx calcique dans le cytoplasme.

Une mauvaise répartition des ions de part et d'autre de la membrane cellulaire entraîne une modification des milieux intra et extracellulaires, ce qui provoque des blocages partiels ou totaux au niveau des différents métabolismes de la cellule, notamment au niveau des actions enzymatiques. À la suite de différentes réactions, selon Laborit, la perméabilité membranaire au calcium est augmentée, ce qui aboutit à un influx supplémentaire massif de Ca^{2+}. Il est désormais admis scientifiquement que cette forte concentration de calcium intracellulaire empêche la récupération cellulaire des lésions mitochondriales. Ensuite, c'est la libération d'acide arachidonique (AA).

Toujours selon Laborit: «En résumé, la cascade AA possède un double rôle au cours de l'inflammation.»

«1) Elle est d'abord nécessaire à la mise au net du siège de l'inflammation, cette mise au net étant par ailleurs à l'origine du processus inflammatoire.»

«L'hyperperméabilité vasculaire, le passage des PLMLN (leucocytes polymorphonucléaires) et des macrophages dans le tissu, la chimiotaxie, la phagocytose pour ne citer qu'eux peuvent être considérés comme des moyens de défense locale de l'organisme. Nous avons appelé cette période la «phase oxydante» de l'inflammation, le rôle des formes radicalaires libres, à l'extrémité distale du processus paraît être fondamental.»

«2) Mais cette période et les mécanismes qui la caractérisent doivent être limités dans le temps et dans leur intensité. Favorables à la disparition des micro-organismes et des débris cellulaires, ils peuvent devenir nocifs par les dégâts secondaires qu'ils sont capables d'engendrer si une phase réductrice et de réparation ne vient pas en limiter l'action. Nous avons insisté autrefois sur le fait que l'ambiance dans laquelle baignent les cellules d'un organisme, le tissu conjonctif et la substance fondamentale (la matrice) est à l'état physiologique négativement chargée. Ces charges négatives sont nécessaires au fonctionnement cellulaire.»

«La phase oxydante de l'inflammation ne peut être qu'un processus limité localement, dans le temps et dans son intensité.»

Lors de maladies rhumatoïdes et de maladies inflammatoires, l'organisme est incapable d'arrêter cette phase oxydante de l'inflammation.

DESCRIPTION DES ÉLÉMENTS DE LA CASCADE DE L'ACIDE ARACHIDONIQUE

Phospholipides membranaires : la membrane cellulaire contient 2 à 3% des lipides de la cellule. Ces lipides sont constitués d'environ 65% de phopholipides, 25% de cholestérol et 10% d'autres lipides.

Phospholipase A_2 (PLA_2): selon Henri Laborit, cette enzyme serait la cheville ouvrière de la réaction inflammatoire. Un grand nombre de stimuli physiologiques sont capables d'activer la phospholipase A_2: l'adrénaline, la sérotonine, l'angiotensine 2, la bradykinine, la thrombine,le taux élevé de Ca^{2+} intracellulaire. Une augmentation de PLA_2 contribue à augmenter la fluidité membranaire et déclenche ensuite la cascade de l'acide arachidonique. Elle provoque ainsi la sortie des eicosanoïdes qui sont des éléments pro-inflammatoires. PLA_2 désigne une famille d'enzymes; plus de 60 phospholipases (PL) ont été identifiées.

Par ailleurs, la phospholipase A_2, stimule l'activité de la Ca^{2+}-ATPase tout en inhibant la Na^+/K^+-ATPase.

L'acide arachidonique: est présent dans les phospholipides de la membrane cellulaire. Cet acide est formé dans les leucocytes (basophiles, macrophages) et les plaquettes. De l'acide arachidonique dérivent certains éicosanoïdes: les endoperoxydes cycliques, les prostaglandines, les thromboxanes ét les leucotriènes. Selon Jacques-Paul Borel et coll.: «Deux voies métaboliques partent de l'AA, les premières réactions de chaque voie étant canalisées

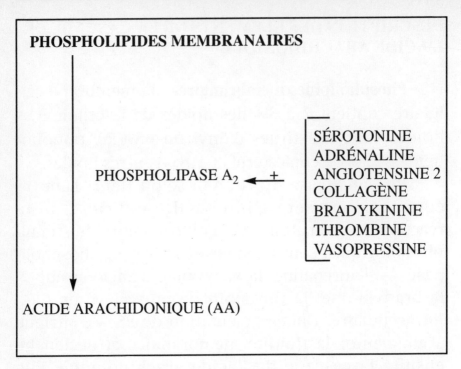

PHOSPHOLIPIDES MEMBRANAIRES

PHOSPHOLIPASE A_2 ← ± SÉROTONINE
ADRÉNALINE
ANGIOTENSINE 2
COLLAGÈNE
BRADYKININE
THROMBINE
VASOPRESSINE

ACIDE ARACHIDONIQUE (AA)

par deux enzymes-clé différentes, situées toutes deux dans le cytoplasme au voisinage de la membrane: la cyclo-oxygénase et la lipoxygénase. Il faut remarquer que l'inhibition (par un médicament) de l'une des deux voies peut provoquer un afflux de métabolites de l'autre voie, d'où l'apparition d'effets pharmacologiques complexes, parfois fâcheux.»

La **cyclo-oxygénase**, selon Jacques-Paul Borel et coll.: «fonctionne par un mécanisme de radicaux libres oxygénés, qui provoque la formation d'endoperoxydes cycliques, à partir desquels d'autres enzymes forment tous les prostanoïdes (prostaglandines, prostacycline, thromboxanes). Elle est présente dans toutes les cellules sauf les globules rouges.» L'enzyme cyclo-oxygénase transforme l'acide arachidonique en endoperoxydes cycliques par un mécanisme faisant intervenir l'ion

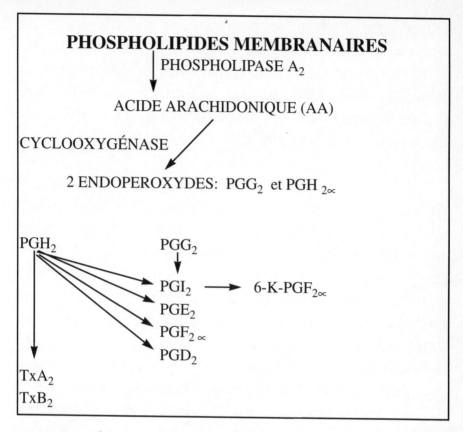

superoxyde. Les radicaux libres interviennent dans la formation des prostanoïdes.

Endoperoxydes (PGG$_2$, PGH$_2$): le PGG$_2$ est un agent potentiel de l'aggrégation plaquettaire. La PGH$_2$ donne: PGI$_2$, TxA$_2$, TxB$_2$, PGE$_2$, PGF$_{2\alpha}$ et PGD$_2$.

Prostaglandines (PG): sont des dérivés d'acides gras essentiels du monde végétal et animal, et ne sont pas stockés à l'état libre dans les tissus. Les prostaglandines sont partout dans l'organisme et sont synthétisées en quantités minimes par presque tous les tissus et toutes les cellules du corps. Ce sont des modulateurs ou régulateurs du métabolisme cellulaire appelés hormones tissulaires et locales. Leur lieu d'action se trouve dans la région immédiate de leur sécrétion. Elles modifient, entre autres, le débit sanguin, la fonction plaquettaire, la transmission des influx nerveux et les réponses immunitaires. Elles jouent également un rôle dans les inflammations et l'augmentation de la douleur, ainsi que dans l'intensification de l'inflammation.

Selon Jacques Paul Nore et coll., «Les prostaglandines exercent, en principe, directement leurs effets dans la cellule où elles ont été formées: elles modulent l'action des hormones polypeptidiques. Cela explique la variété de leurs effets parfois contradictoires. On admet en outre que certaines cellules (leucocytes, macrophages, plaquettes) émettent des prostaglandines dans leur voisinage et agissent ainsi sur d'autres cellules. Certaines prostaglandines agissent dans les cellules nerveuses.»

La **prostacycline PGI$_2$**: est sécrétée par les cellules endothéliales. Elle empêche la coagulation prématurée et limite celle-ci lorsqu'elle se produit. Elle a des effets vasodilatateurs et hypotenseurs, relaxe le tissu aortique et active la libération de rénine par le rein.

Les **prostaglandines PGE$_2$, PGF$_2$ et PGD$_2$** sont pro-inflammatoires.

Le **thromboxane (TxA$_2$)**: métabolite très instable, de demi-vie d'environ 30 secondes. Il est produit par les plaquettes, les leucocytes, les macrophages et les fibroblastes. C'est un très puissant activateur de l'aggrégation plaquettaire et un vasodilatateur potentiel; il contracte le tissu aortique.

Lipoxygénase: enzyme située dans les leuco-cytes. Elle participe à la formation des leucotriènes. Le radical libre hydroxyle OH• est impliqué dans le mécanisme de réaction de l'enzyme lipoxygénase.

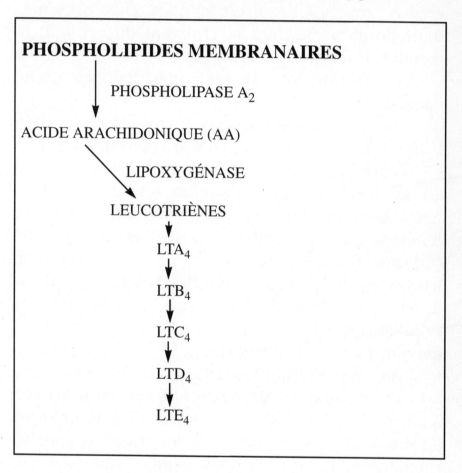

Les **leucotriènes**: sont de puissants agents broncho-constricteurs et vasoconstricteurs. Ils sont des médiateurs actifs et puissants de l'inflammation. Ils stimulent la libération des radicaux libres par les polynucléaires (globules blancs). Les radicaux libres de notre environnement interviennent dans la formation des leucotriènes.

Dans le numéro 3 du volume 7 du Communiqué de la Société d'arthrite, Hélène Roy écrit: «La piste des leucotriènes: un avenir prometteur.»

«Ce terme de médiateur de l'inflammation englobe toutes les substances naturelles présentes dans l'organisme, qui déclenchent ou activent la réaction inflammatoire, explique le Dr Borgeat. Un exemple de médiateur de l'inflammation très connu: l'histamine.»

«Les leucotriènes se divisent en deux familles. L'une d'elles comprend les leucotriènes C4, D4 et E4.»

«Parmi les leucotriènes, le leucotriène B4, qui constitue à lui seul la seconde famille de ces médiateurs de l'inflammation, pourrait fort bien être impliqué dans des maladies inflammatoires comme certaines formes d'arthrite. Pourquoi? Parce que le leucotriène B4 possède une forte activité pro-inflammatoire. En effet, il est un activeur puissant des cellules responsables de l'inflammation, soient les polynucléaires, les monocytes et les macrophages.»

«La propriété la plus importante du leucotriène B4 est la capacité de cette substance d'attirer d'autres polynucléaires, monocytes et macrophages au site de l'inflammation. Cette propriété est appelée chimiotactisme. De plus, nous savons maintenant que ce sont ces mêmes cellules qui produisent le leucotriène B4 sous l'action de différentes substances présentes dans les milieux inflammatoires.»

«En laboratoire, nous avons établi les propriétés pro-inflammatoires du leucotriène B4. Nous avons également démontré que les polynucléaires et les monocytes présents dans le liquide synovial peuvent produire des leucotriènes, tandis que d'autres chercheurs ont apporté les preuves de la présence du leucotriène B4 dans ce milieu inflammatoire.»

«Nous avons observé que les leucotriènes avaient des propriétés stimulantes importantes sur les leucocytes impliqués dans l'inflammation.»...

Selon Jacques-Paul Borel et coll.: «Le leucotriène B4 est chimiotactique sur les polynucléaires neutrophiles. Il stimule la libération par ces cellules de radicaux libres oxygénés et d'enzymes lysoso-miales. **La libération de leucotriènes par les leucocytes est provoquée par le contact de ceux-ci avec des substances étrangères comme par exemple des cristaux d'urates (acide urique).**»

Et Laborit: «**La libération d'acide arachidonique est parallèle à celle d'histamine.**»

Les réactions causées par l'histamine sont: l'eczéma, l'urticaire, l'asthme, les ulcères d'estomac, l'angine de poitrine, l'arythmie, les crises cardiaques, l'inflammation.

Selon Carl C. Pfeiffer, M.D. Ph.D. et Pierre Gonthier MA: «L'histamine est un neurotransmetteur crucial dans toutes les cellules nerveuses; le tissu cérébral en possède la plus faible concentration.»

L'histamine agit comme un régulateur du métabolisme de l'eau et de la distribution de celle-ci à travers le corps. Elle a des propriétés antivirales, antibactériennes et détruit les corps étrangers (chimiques, protéines) pour défendre le corps. La libération d'histamine est déclenchée par les mastocytes du tissu conjonctif lorsque ceux-ci sont stimulés par des hormones ou des antigènes ainsi que par la concentration élevée de Ca^{2+}.

L'acide arachidonique déclenche la «cascade» qui comprend des éléments puissants et pro-inflammatoires: les prostaglandines, les thromboxanes et les leucotriènes. Un autre point important à souligner: la fabrication de radicaux libres par la cascade tels que le peroxyde d'hydrogène (H_2O_2), le radical superoxyde (O_2-) et le radical hydroxyle ($OH^\bullet$).

Ces radicaux, selon Laborit, apparaissent généralement dans la réduction par étape de l'oxygène en eau au cours du métabolisme. «Mais d'autres réactions comme celles aboutissant à la biosynthèse de prostaglandines produisent aussi des radicaux superoxydes.» Nous comprenons mieux les dangers que représentent la cascade de l'acide arachidonique.

Et Laborit développe plus loin qu'«une augmentation du calcium libre intracellulaire est associée aux processus qui impliquent l'activation de la PLA_2 et C, le catabolisme des phospholipides membranaires et la libération des acides gras libres, dont l'AA. À l'état normal, ces acides gras sont recyclés par des réactions énergétiques et le contenu en lipides membranaires n'est pas diminué. La concentration intracellulaire des acides gras est maintenue à un taux faible.»

Nos cellules ont besoin de glucose et d'oxygène mais le besoin en oxygène est le plus critique. Le corps possède des réserves de glucose, mais aucune réserve d'oxygène. L'hyperperméabilité membranaire libère l'acide arachidonique avec ses éléments pro-inflammatoires, ce qui produit une augmentation de l'oxygène cellulaire. Mais les variations élevées d'oxygène sont particulièrement dommageables pour nos cellules. C'est que cette concentration élevée d'oxygène, à cause des réactions de la chaîne oxydative, conduit à la production de radicaux libres.

Michel Deville écrit que: «Dans toute cellule vivante, il y a des systèmes de transport actif des ions à travers les membranes, connus sous le nom de «pompes». Ces «pompes» élèvent les concentrations internes de K^+ et souvent celles de Mg^{2+}, alors qu'elles abaissent les concentrations internes de Na^+ et de Ca^{2+}. L'énergie nécessaire au bon fonctionnement de ces «pompes» provient de l'hydrolyse de liaisons riches en énergie, les liaisons phosphate de l'adénosine-triphosphate (ATP), composé connu pour emmagasiner l'énergie produite dans les cellules au cours d'un certain nombre de réactions métaboliques.»

«Ces liaisons sont hydrolysées par des enzymes, les ATPases (protéines membranaires) qui sont liées aux systèmes membranaires où se produisent les transports ioniques.» L'ATPase a donc besoin de phospholipides pour son activité.

L'hydrolyse est la fixation d'une molécule d'eau sur une substance qui est ainsi transformée en une autre, comme par exemple l'hydrolyse du glycogène en glucose. La plupart des hydrolyses se font grâce à l'action des enzymes.

L'enzyme Na^+/K^+-ATPase liée à la membrane, si importante dans la vie de la cellule, régularise les concentrations intracellulaires du sodium et du potassium. Elle consomme 30% de l'ATP cellulaire et pompe trois sodium hors de la cellule pour deux potassium pompés à l'intérieur. Son inhibition favorise la dépolarisation, l'entrée du Ca^{2+} (calcium) dans le cytosol et la sortie des neuromodulateurs.

Cette pompe à ions a une fonction électrogénique qui tend à augmenter le potentiel électrique de la membrane. Ainsi, l'intérieur de la membrane est maintenu négatif comparé à l'extérieur.

Cette enzyme (la pompe Na^+/K^+-ATPase) est très vulnérable aux agents stressants que sont les radicaux libres, tels l'ozone et le NO_2, et également aux dérivés des radicaux libres générés par le métabolisme des drogues et des polluants chimiques.

Le niveau du calcium cellulaire est régularisé par la Ca^{2+}ATPase (une enzyme de transport) qui se trouve dans la membrane cellulaire, le réticulum endoplasmique (RE) et les membranes des mitochondries. Cette enzyme est reliée à l'intégrité des phospholipides des membranes cellulaires.

Les oxydations ou d'autres éléments peuvent inactiver cette enzyme par la peroxydation des phospholipides. Par conséquent, cela peut causer une altération de la membrane, ou encore des trous dans la membrane, ce qui aura pour conséquence de causer un stress au niveau de l'activité de la pompe Ca^{2+}-ATPase, et conduire au déclenchement de l'influx Ca^{2+} dans la cellule. L'étape suivante sera la mise en marche de la cascade de l'acide arachidonique avec la sortie des éléments pro-inflammatoires pour déclencher l'inflammation. Donc, l'augmentation du Ca^{2+} dans le cytoplasme de la cellule amène inévitablement une hyperperméabilité membranaire en augmentant sa fluidité.

Ainsi, les déclencheurs de l'inflammation augmentent la perméabilité membranaire: la membrane devient hyperperméable, augmentant le nombre de canaux ioniques de calcium des membranes cellulaires, et le Ca^{2+} augmente massivement dans le cytosol.

Toujours selon Laborit: «Les conséquences de l'influx calcique ne sont pas seulement localisées. La libération d'acide arachidonique est à l'origine d'une «cascade» métabolique dont l'importance est primordiale en physiopathologie.» Car tous les éléments de la cascade sont de puissants pro-inflammatoires. Nous avons intérêt à rééquilibrer les membranes cellulaires et diminuer le plus possible les déclencheurs de l'inflammation.

Chapitre IX

L'INFLAMMATION

> «Et le jeune Selye de se dire, naïvement, que "s'il était important de découvrir les remèdes efficaces contre telle ou telle maladie, il l'était plus encore de découvrir comment on peut tomber malade".»
>
> Frédéric Vester

Étant donné l'importance des recherches de Hans Selye au niveau de l'inflammation, je me permets de le citer fréquemment dans ce chapitre.

L'inflammation comporte quatre grands symptômes: la douleur, la chaleur, la rougeur, l'enflure. Nous pourrions en ajouter un cinquième: la perte de fonction.

L'inflammation joue un rôle normal de défense et de protection. Elle travaille à détruire et à neutraliser les agents toxiques au niveau de la lésion pour prévenir ainsi toute forme de propagation aux cellules saines adjacentes. L'inflammation sert à rétablir l'homéostasie. Dans une situation normale, elle détruit les déchets via le foie et les élimine par les poumons, les reins et les intestins. Les déchets non éliminés vont dans les tissus conjonctifs, qui servent de « réservoirs à déchets». La destruction de ces déchets se fait la nuit avec l'aide de deux hormones pro-inflammatoires, la STH et la DOC. Lorsque les déchets sont détruits, le taux de cortisone sanguin augmente, afin de stopper l'inflammation dans les tissus conjonctifs.

C'est l'accumulation des déchets dans les tissus conjonctifs qui sert de tremplin à certaines formes d'inflammation. Ces déchets créent une acidose locale ou générale qui dérange beaucoup les cellules des tissus conjonctifs dans leur travail. Les parois des vaisseaux sanguins se laissent traverser facilement donnant ainsi la possibilité aux cellules de développer la cascade de l'acide arachidonique, normalement bénéfique.

Les carences en enzymes, en acides gras essentiels, en minéraux, en vitamines ou en oligo-éléments peuvent déclencher une acidose locale ou générale.

L'augmentation anormale de l'hormone de croissance est dangereuse, puisqu'elle participe directement ou indirectement aux maladies inflammatoires dégénératives.

Ainsi l'observation et l'évaluation des résultats de la «thérapie glandulaire», m'ont permis de constater l'exactitude des recherches de Selye au sujet des hormones pro-inflammatoires (STH et DOC).

LES HORMONES ANTI-INFLAMMATOIRES ET PRO-INFLAMMATOIRES

Selye mentionne dans ses recherches qu'un taux anormalement élevé de STH et de DOC dans le sang augmente l'inflammation et la barrière inflammatoire. Cette augmentation empêchera alors les hormones corticoïdes, en particulier le cortisol, d'accomplir leur fonction anti-inflammatoire et cela, tant et aussi longtemps que le taux des hormones pro-inflammatoires ne diminuera pas.

C'est pour cette raison que les anti-inflammatoires, y compris la cortisone, ne font effet qu'à un certain pourcentage car il est impossible d'avoir un meilleur effet tant que le taux des hormones pro-inflammatoires n'aura pas diminué.

D'ailleurs Soly Bensabat fait remarquer que «la sécrétion prolongée du cortisol et des corticoïdes en général dans le stress chronique provoque un épuisement progressif des glandes cortico-surrénales. Cette sécrétion abusive est responsable de différents troubles métaboliques et organiques dont l'hypertension artérielle, l'ulcère de l'estomac, l'ostéoporose, la diminution des défenses immunitaires, la sensibilité aux maladies allergiques et probablement, de certains diabètes et obésités, de troubles cutanés, etc. et d'arthrites rhumatismales et d'arthrites inflammatoires ou d'inflammation seule, qui seraient dues en partie à une dysharmonie de l'action des hormones anti-inflammatoires et pro-inflammatoires sécrétées dans le stress chronique au détriment des anti-inflammatoires.»

Alors que Selye se pose la question et apporte la réponse suivante: «Peut-il y avoir un déséquilibre entre les corticoïdes anti et pro-inflammatoires? On démontra pour la première fois en 1949 l'extraordinaire efficacité de l'ACTH et de la cortisone pour soigner les malades atteints d'arthrite rhumatismale.»

«En regard des expériences animales qui avaient prouvé l'effet pro-inflammatoire du DOC, cette observation suggéra l'idée que le déséquilibre entre les deux types de corticoïdes joue un rôle dans l'apparition des affections inflammatoires.»...«On ne peut plus douter désormais que les deux types d'hormones ont des effets antagonistes sur l'inflammation. De nombreuses observations l'ont prouvé; il nous suffira d'en mentionner deux:

1- l'aggravation de diverses infections expérimentales, par exemple la tuberculose, par l'effet d'hormones anti-inflammatoires (qui lèvent les barrières inflammatoires) et leur amélioration grâce à des hormones pro-inflammatoires (qui renforcent les barrières);

2- la protection contre l'inflammation anaphylactique, l'irritation arthritique, l'inflammation dans la poche inflammatoire, etc. grâce à l'ACTH et à la cortisone, et la suppression de cette protection par l'emploi simultané d'un traitement à base de STH ou de DOC. Existe-t-il ce qu'on appelle des «maladies d'adaptation»?»

«Aucune maladie n'est exclusivement causée par l'inadaptation, mais des dérèglements de nos

mécanismes d'adaptation jouent un rôle décisif dans le développement de nombreuses maladies.»

L'arthrite rhumatoïde ou inflammatoire provient-elle de la tension nerveuse, d'une bactérie, d'un virus?

Alors, si une bactérie ou un virus est dangereux pour tout le monde, pourquoi ne déclencherait-il l'inflammation ou le rhumatisme que chez certaines personnes?

Selye affirme: «Nous avons vu que la caractéristique la plus frappante de l'arthritisme est l'excès d'inflammation apparemment inutile. Est-ce dû à l'irritation locale excessive de l'articulation par l'action directe de l'agent responsable, ou à une production excessive de corticoïdes pro-inflammatoires, ou, au contraire, à l'insuffisance de corticoïdes anti-inflammatoires?»

«Pourquoi dans cette maladie l'inflammation est-elle si facilement arrêtée par les hormones anti-inflammatoires, tandis qu'elle n'est pas sensiblement aggravée par les corticoïdes pro-inflammatoires?»

«Ces faits peuvent être dus à des différences dans la rapidité de développement ou l'intensité du dérangement hormonal, ou encore à des modifications provoquées par d'autres hormones, à l'hérédité, au régime. **Il est très probable que l'explication est à rechercher dans ces directions, mais il est bon de se souvenir que ce sont là des questions demeurées encore sans réponse.»**

Nous arrivons maintenant à un point important pour la compréhension des maladies rhumatoïdes, inflammatoires, etc.:

Selye affirme qu'il existe un «**rôle fonctionnel des hormones pro-inflammatoires. Des tests analogues avec le DOC ou la STH, prouvent que ces substances augmentent effectivement la barrière inflammatoire et la formation du liquide; et, si on les administre en même temps que les hormones anti-inflammatoires, elles neutralisent l'effet de ces dernières.**» Nous comprenons mieux maintenant pourquoi dans la majorité des cas, les anti-inflammatoires sont neutralisés ou n'agissent presque pas. Dans les cas où les anti-inflammatoires agissent, il y a eu une baisse du taux des hormones pro-inflammatoires. Ceci nous amène à comprendre le processus déclenché suite à un choc: la douleur et l'inflammation s'intensifient suite à l'augmentation du taux d'une hormone pro-inflammatoire dans le sang, ce qui neutralise le travail des hormones anti-inflammatoires.

Le jeu des hormones anti-inflammatoires et pro-inflammatoires contribue largement au déclenchement et au développement des maladies rhumatoïdes et inflammatoires.

Selye s'est posé la question suivante: «Peut-il y avoir simultanément une insuffisance et un excès de C.O.L. (corticoïde) dans différentes parties d'un même organisme individuel?» Il arriva à la conclusion qu'il était possible, chez un même sujet, qu'un stress réparti inégalement dans le corps puisse donner localement des excès et des déficiences hormonales.

Selon lui: «Cette dernière constatation avait, elle aussi, une valeur considérable dans le domaine de la pratique médicale, car chez l'homme également, différents secteurs de l'organisme sont souvent, je dirai même habituellement, exposés à des degrés divers de stress.»

Dans ses tests expérimentaux, il injectait une goutte d'huile de croton, qui est une substance irritante, dans la peau plantaire d'une patte postérieure d'un rat pour produire, en langage technique, une arthrite locale expérimentale. Il se développa une enflure pour ensuite se transformer en arthrite chronique. Cet état était un stress local, provoqué par un choc: l'injection de la substance irritante provoquait une invalidation des articulations due au durcissement du tissu conjonctif. La substance irritante représente une accumulation de déchets très acides, créant par le fait même une acidose locale déclenchée par l'action de certains éléments de la membrane cellulaire, la cascade de l'acide arachidonique. L'arthrite pouvait disparaître avec une injection de cortisone, mais s'aggravait avec les injections des hormones pro-inflammatoires: STH et DOC.

Deux anciens étudiants de Selye, les docteurs A. Horava et A. Robert, avaient observé «qu'un liquide inflammatoire particulier était sécrété par certaines tumeurs expérimentales lorsqu'elles se développaient dans la poche inflammatoire du rat.»

«Le docteur G. Jasmin découvrit que, si l'on injecte un seul centimètre cube de ce liquide dans le sang d'un rat, au bout de quelques jours une inflammation accusée apparaît dans plusieurs articulations, notamment dans celles des attaches supérieures et inférieures des pattes avant et arrière, mais aussi dans les multiples articulations des vertèbres de la colonne vertébrale.»

«Il est encore impossible d'affirmer que cette affection expérimentale est vraiment identique au rhumatisme ou à l'arthrite rhumatismale chez l'homme, mais ces deux maladies se ressemblent en bien des points. C'est pourquoi il fut particulièrement instructif de découvrir que cette tendance à l'arthrite généralisée, provoquée chez le rat, dépend aussi du mécanisme de la fonction de défense du groupe hypophyse-surrénale.»

L'injection que faisait Selye peut être comparée à l'arrivée massive d'une hormone pro-inflammatoire suite à un choc. Cette augmentation d'hormone pro-inflammatoire (STH, DOC ou aldostérone) dans le sang, ainsi qu'un surplus de déchets acidifiants, enclenchent la cascade de l'acide arachidonique.

Selon Selye, «la cause déterminante de la fièvre rhumatismale et de l'arthrite rhumatoïde (le facteur qui correspondrait à l'huile de croton, au formol ou au liquide de la tumeur dans nos expériences) n'a pas encore été définitivement identifié, mais ses manifestations, comme celles de ses homologues expérimentales, dépendent en grande partie des hormones produites par le malade.»

La thyroïde joue un rôle important dans les inflammations et autres maladies, car ses hormones sont de puissants accélérateurs des réactions biochimiques, et elles stimulent tout le métabolisme. Dans les processus de stress, la thyroïde reçoit une plus grande quantité de l'hormone thyréotrophique (TSH), ce qui augmente sa production hormonale.

Soly Bensabat stipule que: «Chaque stress, et plus particulièrement l'échec, la frustration, la contrainte, détermine une usure et laisse une «cicatrice chimique» indélébile résultant de l'accumulation dans les tissus des sous-produits des réactions chimiques et métaboliques qu'il a provoqués. Les déchets métaboliques ou peroxydes (radicaux libres), se déposent sur les artères, les articulations, les tissus élastiques de la peau, etc., favorisant la perte de l'élasticité, le durcissement et le vieillissement des tissus.»

Je laisse donc Selye conclure ce chapitre: «On peut considérer qu'il existe deux catégories d'adaptation: les anti-inflammatoires (ACTH, cortisone, cortisol) qui inhibent les réactions défensives excessives, et les hormones pro-inflammatoires (STH, aldostérone, DOC) qui les stimulent. L'action de toutes ces substances peut être modifiée ou conditionnée par d'autres hormones (l'adrénaline ou l'hormone thyroïdienne), par des réactions nerveuses, la nourriture, l'hérédité et les mémorisations tissulaires de stress antérieurs. C'est lorsque ce mécanisme du S.G.A. (est déréglé) que l'on constate l'apparition de maladies, d'usure, autrement dit de maladies d'adaptation.»

Chapitre X

LA THÉORIE SUR LES MALADIES AUTO-IMMUNES

«Nous sommes malades ou en bonne
santé selon la chimie de nos cellules.»
W.D. Currier

Nous savons que les maladies sont occasionnées par un dysfonctionnement glandulaire: l'organisme est en état d'alerte vingt-quatre heures sur vingt-quatre. Le système hypothalamo-hypophyso-surrénalien maintient donc l'individu en état de stress chronique (taux sanguin plus élevé de STH, ACTH et glucocorticoïdes). Un schéma, résumant la théorie sur la maladies auto-immunes, vous est présenté en début de chapitre afin de faciliter votre compréhension.

D'abord Laborit pense que: «Les Gcs (glucocorticoïdes) paraissent augmenter la synthèse de la 5-HT (sérotonine) dans des aires cérébrales variées.» De plus, il a constaté une augmentation sous l'action des Gcs de la Na^+/K^+-ATPase. Le tout conduisant à la cascade de l'acide arachidonique suivie de l'inflammation.

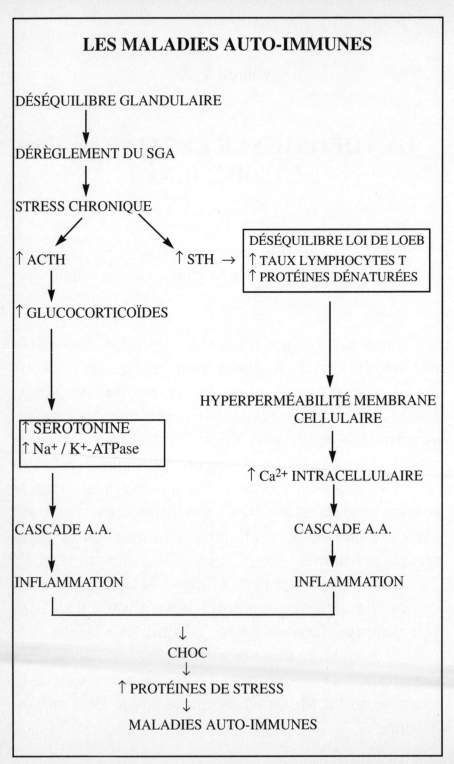

LES MALADIES AUTO-IMMUNES

DÉSÉQUILIBRE GLANDULAIRE

↓

DÉRÈGLEMENT DU SGA

↓

STRESS CHRONIQUE

↑ ACTH   ↑ STH →

↑ GLUCOCORTICOÏDES

| DÉSÉQUILIBRE LOI DE LOEB |
| ↑ TAUX LYMPHOCYTES T |
| ↑ PROTÉINES DÉNATURÉES |

↑ SÉROTONINE
↑ Na^+ / K^+-ATPase

HYPERPERMÉABILITÉ MEMBRANE CELLULAIRE

↑ Ca^{2+} INTRACELLULAIRE

CASCADE A.A.   CASCADE A.A.

INFLAMMATION   INFLAMMATION

↓

CHOC

↓

↑ PROTÉINES DE STRESS

↓

MALADIES AUTO-IMMUNES

En plus des hormones, le système nerveux intervient en excitant directement les ganglions lymphatiques et les cellules immunitaires.

Les inflammations provoquent la libération de cytokines, ce qui fait augmenter la sécrétion d'ACTH. Cette hormone stimule le système immunitaire et la sécrétion des glucocorticoïdes (qui normalement servent à stopper l'inflammation).

Selye disait que les maladies rhumatismales appartenaient aux maladies d'adaptation causées par une intoxication des corticoïdes (cortisol). L'organisme se retrouve dans un état de stress chronique et c'est le syndrome général de désadaptation. Les crises de maladies rhumatoïdes résultent donc d'un déséquilibre du système glandulaire et du système de défense, et d'une hyperperméabilité des membranes cellulaires. De plus, la production élevée de corticoïdes pourra éventuellement causer une insuffisance des surrénales, due à une incapacité de l'organisme à s'adapter aux chocs.

Le taux anormalement élevé de l'hormone de croissance dans le sang augmente la vitesse des réactions biochimiques. Cette augmentation devient dangereuse, entre autres, au niveau du système immunitaire (augmentation du taux des lymphocytes T) et de la synthèse des protéines.

Un taux élevé de l'hormone de croissance peut déséquilibrer le rapport de la loi de Loeb et créer la rétention du Na^+ et du K^+. Les pompes à sodium (Na^+) et à potassium (K^+) veillent à l'intégrité de la cellule et agissent avec l'aide des enzymes, appelées Na^+ et K^+-ATPase. La STH peut déstabiliser ces pompes, et provoquer ainsi une hyperperméabilité ou une hypoperméabilité membranaire néfaste.

Nous avons établi qu'une hyperperméabilité de la membrane cellulaire provoque une augmentation de l'enzyme Ca^{2+}-ATPase; celle-ci augmente alors l'entrée du calcium dans le cytosol.

Nous savons qu'une augmentation de calcium dans la cellule conduit à la synthèse de l'acide arachidonique avec ses éléments pro-inflammatoires appelés leucotriènes, prostaglandines et thromboxanes, qui déclenchent les maladies pro-inflammatoires.

Laurence Steinman nous fait remarquer que: «Jusqu'à présent, les biologistes ont surtout étudié le lien hormonal entre le stress et les réactions auto-immunes. Récemment Ronald Wilder, George Chrousos et leurs collègues de l'Institut américain de la santé ont découvert la présence de corticotrophine (ACTH) dans le liquide et dans les tissus synoviaux des patients souffrant de polyarthrite rhumatoïde.»

Steinman a démontré qu'une augmentation ou une diminution anormale de la corticotrophine provoquaient l'inflammation de manière différente.

La quantité plus élevée de cortisol, en état de stress, rend les membranes cellulaires en état d'hyperperméabilité.

La sortie continuelle de la corticotrophine (ACTH) n'est pas le reflet du hasard, mais provient du dysfonctionnement glandulaire, qui par un jeu d'hormones exagéré provoque continuellement un état de stress chronique. Le stress chronique est maintenu en place par les chocs extérieurs et le dysfonctionnement glandulaire. L'inflammation est un énorme choc, un traumatisme pour le corps, qui provoque la synthèse des protéines de stress.

L'hormone de croissance déclenche l'hyperperméabilité membranaire, augmente le taux des lymphocytes T, augmente le calcium dans la cellule et déclenche la cascade de l'acide arachidonique. Comme elle est une hormone pro-inflammatoire, elle peut aggraver l'inflammation déjà en place, tout comme le fait l'hormone corticotrophine pro-inflammatoire.

En temps normal, la STH stimule la synthèse des protéines. Elle pourrait stimuler davantage cette synthèse lorsque sa concentration est plus élevée dans le sang. L'augmentation du taux de la STH étant un choc, cela peut dénaturer les protéines qui perdraient alors leur structure caractéristique. Ceci pourrait augmenter les protéines dénaturées dans les cellules.

O.V. Sirek, M.D., M.A., Ph.D., Anna Sirek M.D. M.A. Ph.D., de la Faculté de médecine de l'Université de Toronto: «Le taux de sécrétion (de l'hormone de croissance) peut s'écarter brusquement du niveau basal de plusieurs centaines de pour cent d'une manière prévisible. La sécrétion de l'hormone de croissance s'élèvera rapidement dans les états hypoglycémiques, pendant le jeûne, les exercices, l'anesthésie, la chirurgie, et en réponse à un stress émotionnel. Les variations sont plus prononcées chez les femmes que chez les hommes du fait que la sécrétion de l'hormone de croissance est produite aussi par les oestrogènes.»

La Société d'arthrite du Canada: «L'AR frappe plus souvent les femmes que les hommes - deux à trois fois plus souvent - ce qui porte à croire que les facteurs ayant trait aux menstruations, aux hormones ou à la reproduction pourraient être liés à la maladie.»

Dans la revue «Science et Vie» d'octobre 1991 il est écrit: «La proportion de malades du lupus érythémateux, par exemple, est de 9 pour les femmes contre 1 pour les hommes, et pour l'arthrite rhumatoïde, elle est de 4 contre 1, rappelle une étude du British Medical Journal. Les hypothèses actuelles vont dans le sens d'un rôle encore inconnu des hormones sexuelles, ce qui semblerait confirmé par les rémissions spontanées d'arthrite rhumatoïde enregistrées pendant la grossesse.»

«Des travaux sur l'animal tendent également à confirmer ces hypothèses. Chez les rats, des interventions modifiant les taux d'hormones sexuelles entraînent des maladies auto-immunes, dont une qui rappelle le lupus érythémateux humain, mais, là aussi, les femelles succombent à la maladie en plus grand nombre que les mâles.»

En réponse à ce que mentionne cet article sur les rémissions spontanées d'arthrite rhumatoïde enregistrées pendant la grossesse, il est important de savoir que lors d'une grossesse tout le système glandulaire fonctionne au maximum pour protéger le foetus et la mère. Cela nous indique également que le dysfonctionnement glandulaire est bien la cause des arthrites rhumatoïdes et inflammatoires.

Selon L. Steinman, les hormones femelles aggravent l'évolution des maladies auto-immunes. Il n'y a rien de surprenant à cela, puisque l'hormone de croissance lie les récepteurs lactogènes et manifeste ainsi plusieurs des propriétés de la prolactine, dont la stimulation des glandes mammaires. Cette manifestation de plusieurs des propriétés de la prolactine crée un déséquilibre de l'hormone oestrogène. L'augmentation des glucocorticoïdes, dans les états de stress chronique, fait augmenter de manière notable l'hormone prolactine dans le sang.

Selon William Welch: «L'accumulation, dans les cellules, de protéines dénaturées ou anormalement repliées déclenche une réaction de stress; les protéines de stress serviraient à l'identification et à l'élimination des protéines dénaturées dans les cellules stressées.» Le choc produit par l'augmentation de la STH dans le sang sur la synthèse des protéines peut être comparé aux différents chocs énumérés par William Welch: «Dès que leur milieu se réchauffe, toutes les cellules, des bactéries les plus rudimentaires aux neurones les plus différenciés, produisent des molécules qui les protègent. Les biologistes ont découvert cette réaction au choc thermique il y a une trentaine d'années. Depuis, on a découvert que les cellules réagissent de la même façon dès que leur environnement est menacé par des métaux toxiques, par l'alcool ou par divers poisons métaboliques... La réaction au choc thermique est devenue la réaction au stress et les protéines de choc thermique sont devenus les protéines de stress.»

«Les conditions déclenchant l'expression des protéines de stress:
  1. stress à l'environnement: choc thermique, métaux lourds de transition, inhibiteurs du métabolisme de l'énergie, analogues des acides aminés, substances chimiothérapeutiques.
  2. états anormaux: infection virale, fièvre, inflammation, ischémie, radicaux oxydants, malignité.
  3. conditions cellulaires normales: cycle de division cellulaire, facteur de croissance (IGF-1, provenant de la STH), différenciation et développement.»

Dans un état de stress, suite à un choc, les cellules cessent de fabriquer la plupart des autres protéines, pour se concentrer presque exclusivement à la fabrication des protéines de stress. Ces protéines de stress synthétisent en grande quantité les protéines de la famille hsp 70, les plus fréquentes. Les cellules, recevant des chocs normaux suffisants pour augmenter la concentration des protéines de stress, sont ainsi mieux protégées contre un second choc.

Le Dr. François Larivière, biochimiste et chercheur au Centre des grands brûlés de l'Hôtel-Dieu de
Montréal, explique dans cet article que c'est le
traumatisme qui engendre le plus de besoins
caloriques. Le Dr. Larivière: «Aucun traumatisme
n'est responsable d'une perte protéique aussi
importante. Le grand brûlé a besoin du triple des
protéines habituellement consommées dans une
journée. Grâce à l'étude unique menée depuis quatre
ans par l'Hôtel-Dieu, on a réalisé un nouveau menu
de nutrition destiné aux grands brûlés. Cette étude a
surpris plus d'un expert à travers le monde.»

«C'est le déficit de protéines et de calories qui
entraîne souvent une cicatrisation inadéquate et
provoque des infections.» De plus, le choc thermique,
ou la brûlure, engendre la sortie des protéines de
stress, suivie de la cascade de l'AA, d'où la difficulté
de cicatrisation.

Une des clés dans le traitement des grands
brûlés est la nourriture... afin de pallier à la perte
extrême de calories.

L'étude a été menée avec 43 patients (brûlés à
plus de 20%) divisés en 3 groupes. Tous ont reçu la
même quantité de calories et de protéines. La
différence était dans le pourcentage des calories
apportées par les graisses. Des graisses à base d'huile
de soya ou d'huile de poisson ont été testées. «Or
ceux dont la diète était la plus grasse ont eu besoin
de deux fois plus de temps pour la cicatrisation et
ont présenté plus de complications que ceux qui

avaient reçu une diète à faible teneur en graisses. Nous avons donc conclu que les graisses avaient une incidence néfaste sur l'inflammation et l'immuno-logie.»

Le foie étant occupé à détruire le surplus de cellules mortes occasionné par la brûlure, il lui est plus difficile de métaboliser une forte concentration de corps gras. De plus, lors de chocs, il y a une insuffisance hépatique marquée. N'oublions pas que les grands brûlés sont en état de stress chronique, d'où la sortie continuelle de glucocorticoïdes.

Les acides gras essentiels de l'huile de soya sont plus facilement assimilables que ceux des huiles de poisson. Les A.G.E. nourrissent les membranes de toutes les cellules et stabilisent ainsi la cascade de l'acide arachidonique. Il est important dans les cas de brûlure de stopper la cascade de l'acide arachi-donique, car elle augmente ou crée l'inflammation et les douleurs. Il est certain qu'en nourrissant les membranes cellulaires, entre autres par les A.G.E., on aide à la fabrication des protéines de stress qui vont participer à la reconstruction des tissus.

Il serait intéressant d'étudier les rapports qui devraient exister entre l'hyperperméabilité membranaire, la cascade de l'acide arachidonique et les protéines de stress. Je serais très curieux de constater les améliorations physiologiques possibles des grands brûlés si on ajoutait la «thérapie glandulaire» à la thérapie médicale. Je suis certain que cette thérapie leur serait d'une grande aide. Les traumatismes des personnes brûlées et des personnes atteintes de maladies rhumatoïdes et inflammatoires se ressemblent. Les dommages sont différents, mais les thérapies ont de grandes ressemblances: l'importance des acides gras essentiels et la similitude du stress, c'est-à-dire le stress chronique, d'où la nécessité de nourrir et rééquilibrer adéquatement les glandes pour stabiliser le plus possible la concentration anormalement élevée de certaines hormones et faciliter ainsi le travail de réparation tissulaire de l'organisme. Les effets de la «thérapie glandulaire» seraient donc similaires dans les deux cas.

Laurence Steinman, dans un article paru dans la revue «Pour la science », intitulé «Les maladies auto-immunes», dresse un tableau des maladies auto-immunes avec leurs organes ou tissus cibles:

Maladie	Organes ou tissus cibles
Maladie d'Addison	Glandes surrénales
Anémie hémolytique auto-immune	Membrane des globules rouges
Maladie de Crohn	Intestin
Syndrome de Goodpasture	Reins et poumons
Maladie de Graves	Thyroïde
Thyroïdite de Hashimoto	Thyroïde
Purpura thrombopénique idiopathique	Plaquettes sanguines
Diabète insulino-dépendant	Cellules bêta du pancréas
Sclérose en plaques	Cerveau et moelle épinière

Myasthénie	Synapses neuro-musculaires
Pemphigus vulgaire	Peau
Anémie pernicieuse	Cellules pariétales gastriques
Glomérulonéphrite poststreptococcale	Reins
Psoriasis	Peau
Polyarthrite rhumatismale	Tissus conjonctifs
Sclérodermie	Coeur,poumons,intestins,reins
Syndrome de Sjögren	Foie, reins, cerveau, thyroïde,glandes salivaires
Stérilité spontanée	Sperme
Lupus érythémateux disséminé	ADN,plaquettes sanguines, divers tissus.

Cette liste des maladies auto-immunes est impressionnante. Elle continuera à s'allonger avec le temps car la plupart, sinon la totalité des maladies dégénératives de notre époque s'y ajouteront.

Selon Barry Sears, Ph.D., «le lupus serait une autre maladie auto-immune ayant une modulation du taux des eicosanoïdes, qui a été observée chez les souris qui sont mortes en moins d'un an. Des études de l'Université de la Pennsylvanie ont démontré que si ces mêmes animaux avaient reçu des injections de PGE_1, ils seraient encore vivants.»

Le lupus étant une maladie auto-immune avec inflammation, il est important que son traitement comporte des éléments pouvant stabiliser la trop grande quantité des eicosanoïdes PGE_2 pro-inflammatoires, ceci par l'ingestion des AGE (PGE_1 et PGE_3) qui rééquilibrent la synthèse des PGE_2. C'est la seule façon d'arrêter ou de freiner les maladies inflammatoires ainsi que les maladies inflammatoires auto-immunes. Ce n'est sûrement pas en bloquant seulement un ou deux éléments pro-inflammatoires, comme les leucotriènes, l'histamine ou les PGE_2 que nous aurons de bons résultats. Le combat doit se faire en prévenant le déclenchement de la cascade de l'AA: renforcer le système immunitaire, nourrir et rééquilibrer le système glandulaire, car ces deux systèmes sont inter-reliés.

J'ai remarqué que la presque totalité de mes clients(es) avaient reçu un choc avant l'apparition de leur maladie rhumatoïde et/ou inflammatoire. L'organisme, en particulier le système glandulaire, avait été incapable alors de se protéger adéquatement. La «thérapie glandulaire» rejoint la pensée de Selye: «Les maladies ne viennent pas de glandes malades mais de trop d'hormones dans le sang.» Il appelait cet ensemble de réactions le dérèglement du syndrome général d'adaptation. Pour ma part, je le nomme le dysfonctionnement glandulaire ou encore syndrome général de désadaptation. L'individu est alors incapable de se protéger contre un choc quelconque. S'il est incapable de se protéger, il est donc en «inhibition de l'action», selon les termes de Henri Laborit. Quel que soit le terme employé, le dysfonctionnement glandulaire est presque toujours présent, associé aux déclencheurs de l'inflammation, lors de maladies rencontrées présentement autant dans les populations sous-développées que sur-développées.

La maladie auto-immune est une attaque du système immunitaire contre les tissus de l'organisme. Plusieurs facteurs contribuent à dérégler le système immunitaire: au premier plan il y a la nourriture, le stress et la fatigue. Ensuite, l'âge, les médicaments, l'alcool. Les maladies auto-immunes ne peuvent pas se déclarer si les systèmes immunitaire et glandulaire fonctionnent normalement. Même si un individu possède un trouble génétique capable de lui occasionner une maladie auto-immune, un choc, un détonateur, est nécessaire pour déclencher le tout.

Chapitre XI

LES MÉDICAMENTS CHIMIQUES

«Ce que je pardonne le moins aux diffuseurs de poisons, c'est qu'ils prétendaient fournir des médicaments.»

Jean Rostand

Le Docteur Jean-Pierre Raynauld a mentionné à la journaliste Michelle Coudé-Lord du Journal de Montréal, en 1995, que «les ulcères ou problèmes gastriques chez les gens souffrant d'arthrite atteignent plus de 20% des malades. **Pas moins de 1900 Canadiens meurent en moyenne chaque année des suites d'un ulcère gastrique provoqué par les anti-inflammatoires.** Et ce sont souvent des ulcères qui se présentent de façon encore plus insidieuse; dans 50% des cas, les patients n'ont aucun symptôme. La perte de sang lente finit par leur causer de l'anémie chronique et tout à coup le rhumatologue est alerté.»

Cet article vantait les effets bénéfiques d'un médicament sensationnel pour prévenir les ulcères. L'étude démontrait que les graves problèmes gastriques avait été inférieurs à 40% chez les patients à qui on avait prescrit ce médicament anti-ulcère.

On semble oublier que les médicaments anti-inflammatoires, outre les ulcères, peuvent causer d'autres complications très importantes comme l'affaiblissement du système immunitaire ou le développement de la cascade de l'acide arachidonique au niveau intestinal, hépatique ou rénal. Comme les anti-inflammatoires sont de plus en plus puissants, ils peuvent engendrer de sérieuses maladies aux endroits cités, selon la résistance physiologique de chaque individu. Nous créons des médicaments qui luttent contre des maladies causées par des médicaments combattant les maladies inflammatoires.

Yvon Pageau, détenteur d'une maîtrise en biologie et d'un doctorat en paléontologie: «Les médicaments modernes sont très sophistiqués et leurs cibles très précises. Peut-être trop précises. Ils ne tiennent pas assez compte de la réaction globale de l'organisme. Ce qu'ils guérissent ici engendre des malaises ailleurs. On est encore très loin de la médecine holistique, qui traiterait l'organisme comme un tout. L'industrie pharmacologique ne laisse pas les médecins en paix, elle les inonde sans arrêt de nouveaux médicaments qu'ils n'ont pas suffisamment de temps pour tester sur les patients. Molière avait peut-être raison: "Presque tous les hommes meurent de leurs remèdes et non pas de leurs maladies".»

Dr. Sven Neu et Dr. Karl Ransberger, d'Allemagne: «Cela devrait vraiment intéresser tout médecin. Les patients qui souffrent d'infirmités rhumatismales sont finalement le pain quotidien de l'omnipraticien. Les patients reviennent fidèlement et courageusement à la consultation pendant des années parce que le rhumatisme est, jusqu'à présent, bel et bien la plus chronique des maladies chroniques.»

«Malheureusement, le choix des possibilités thérapeutiques est relativement réduit. Ces dernières années, il s'est encore réduit, surtout depuis qu'il a fallu limiter sévèrement la consommation à long terme des préparations à base de corticoïdes et d'autres drogues anti-inflammatoires.»

Dans le volume «Comment prescrire et interpréter un examen de biochimie», il est mentionné: «On verra à propos des médicaments anti-inflammatoires que les hormones corticostéroïdiques inhibent la phospholipase A_2, l'aspirine et l'indométhacine, la cyclo-oxygénase, le benoxaprofène, la lipoxygénase. Il faut remarquer que l'inhibition de l'une des deux voies peut provoquer un afflux de métabolites de l'autre voie, d'où l'apparition d'effets pharmacologiques complexes, parfois fâcheux.»

La plupart des médicaments chimiques anti-inflammatoires servent à bloquer la cascade de l'acide arachidonique et les leucotriènes. Mais beaucoup de ces médicaments bloquent l'acide dihomogammalinolénique et aussi la PG_1, un puissant anti-inflammatoire.

LES CORTICOSTÉROÏDES

Voici ce que l'on retrouve dans le Communiqué de la Société d'arthrite, automne 86: «Une arme à deux tranchants: les corticostéroïdes», par Hélène Crevier.

«Les complications résultant de l'emploi des corticostéroïdes dépendent en bonne partie de la dose et de la durée du traitement. Plus la dose est forte, ou plus le traitement est prolongé, même à faible dose, plus les risques d'effets secondaires sont grands.»

«L'administration de doses élevées (60 à 100 mg) rend les patients très susceptibles aux infections graves. Les corticostéroïdes entraînent une rétention d'eau et de sel qui provoque de l'oedème et peut mener à l'hypertension ou augmenter celle-ci chez des personnes qui en souffrent déjà. Certains patients auront ce qu'on appelle l'aspect Cushing: un visage arrondi et gonflé, des vergetures, une peau plus fine, un peu parcheminée et une obésité touchant surtout le tronc. À long terme, il survient une diminution de la musculature et une modification au niveau de l'os, qui devient moins dense, plus fragile, et se fracture plus facilement.»

«Un des effets de l'administration prolongée des corticostéroïdes, même à faible dose, est l'arrêt du fonctionnement des glandes surrénales qui sécrètent les corticostéroïdes naturels. Cela peut avoir des conséquences graves, advenant par exemple un accident de voiture. En effet, quand l'organisme subit un stress, les glandes surrénales produisent un surplus de corticostéroïdes. Or, si elles ont perdu l'habitude de travailler, elles n'entreront pas en fonction en période de stress: l'organisme ne recevra pas la dose requise et la vie du blessé pourra même être en danger.»

Il me semble opportun de citer à ce sujet Alain Cornic: «La cortisone est beaucoup utilisée en rhumatologie, autant pour son effet anti-inflammatoire majeur que pour un éventuel effet «anti-pathologie de système». La cortisone est une hormone fabriquée par l'organisme au niveau des glandes surrénales; elle intervient en de multiples endroits et dans de nombreuses fonctions:

- elle agit sur la répartition des graisses;
- elle bloque la vitamine D au niveau du tube digestif;
- elle diminue la fabrication des anticorps;
- elle possède une action contre les inflammations et les allergies;
- elle stimule le système nerveux central;
- elle favorise l'augmentation de la tension artérielle.»

«Mais les complications possibles à plus ou moins long terme de la cortisone sont redoutables:

- ulcère gastro-duodénal, pouvant évoluer rapidement vers une hémorragie digestive;
- diabète;
- élévation du cholestérol sanguin;
- consommation des protides engendrant une perte des muscles;

- ° atteinte osseuse avec élimination du calcium et apparition dramatique de l'ostéoporose «cortisonée»;
- ° blocage définitif de la croissance avant la puberté;
- ° rupture des tendons, spontanément ou lors d'efforts minimes;
- ° blocage des fonctions de la surrénale, avec fatigue intense, chute de la tension artérielle, perte de l'appétit, vomissements, diarrhée.
- ° accidents oculaires, avec cataracte et fréquemment glaucome;
- ° excitation psychique pouvant aller jusqu'à l'arrivée d'un véritable trouble psychiatrique.»

Selon Selye: «C'est ainsi qu'un malade à qui l'on administre de fortes doses de cortisone, pour soigner une allergie ou des rhumatismes, trouve difficilement le sommeil. Souvent, même, il se sent dans un état euphorique, c'est-à-dire qu'il éprouve un bien-être, une légèreté déraisonnables, qui ressemblent aux impressions suscitées par un début d'ébriété... À la suite de quoi se produit un état dépressif.»

Et Laborit: «Les glucocorticoïdes sont extrêmement dangereux par ailleurs; en effet, tout médecin qui prescrit de la cortisone sait bien qu'il doit en même temps prescrire des antibiotiques. Pourquoi? Parce que les glucocorticoïdes détruisent le thymus, glande qui est à l'origine de la libération des lymphocytes T, et favorisent la destruction ou l'inhibition d'autres cellules indispensables à l'activité immunitaire.»...

«Les glucocorticoïdes vont aussi provoquer ce que l'on appelle un catabolisme protéique, c'est-à-dire détruire les protéines, éléments fondamentaux des structures vivantes.»...

«Depuis quelques années, on a pu mettre en évidence dans la majorité des états dépressifs une concentration anormalement élevée de glucocorticoïdes sanguins.»...

«Les glucocorticoïdes participent également à l'apparition d'ulcères à l'estomac et d'autres affections dites «psychosomatiques» et qu'il serait préférable d'appeler d'«inhibition comportementale»...»

«Or, ces glucocorticoïdes, nous le savons maintenant, peuvent être libérés de façon chronique et trop importante, parce que le système inhibiteur de l'action est lui-même stimulé de façon chronique par l'impossibilité de résoudre dans l'action un problème comportemental.»

«L'administration de 60 mg de prednisone chez le sujet normal diminue en six heures de 32% le nombre de lymphocytes. Celui des lymphocytes T diminue alors que les B augmentent.» Selon Laborit, les glucocorticoïdes sont l'exemple classique d'hormones modifiant la réponse immunitaire.

L'utilisation des corticostéroïdes à long terme ralentit la regénération de plusieurs éléments tels que les structures cutanées et cartilagineuses secondaires et les membranes entourant les vaisseaux sanguins.

Les corticostéroïdes inhibent la synthèse de la phospholipase A_2, ce qui arrête en même temps la formation des prostaglandines et des leucotriènes. Ils s'opposent aux synthèses protéiques et aux sécrétions des macrophages et des polynucléaires.

La cortisone est le plus puissant et le plus dangereux des anti-inflammatoires parce qu'elle fait chuter la production des eicosanoïdes si violemment que le système immunitaire se retrouve terriblement affaibli.

Selon *la Presse Médicale*, «le traitement prolongé ne rencontre guère que deux écueils préoccupants: l'ulcère gastrique et l'ostéoporose qui est probablement le risque majeur de la cortisone.» Dans un état de stress chronique où il y a une surproduction de cortisol, le risque d'ostéoporose est énorme.

Docteurs Sven Neu et Karl Ransberger affirment qu'«il est vrai que l'hormone stéroïde (cortisone) apaise relativement vite les douleurs du patient mais n'arrête pas la destruction progressive de l'articulation, et tout cela se fait au prix d'une répression des autodéfenses de l'organisme et mène finalement à des affections encore bien plus graves que le rhumatisme articulaire lui-même.»

Et selon Walter Pierpaoli et William Regelson: «Une exposition prolongée aux corticostéroïdes affaiblit le système immunitaire(...) Dans notre laboratoire, nous avons reproduit l'effet du stress en injectant de la corticostérone (l'équivalent animal des corticostéroïdes) à des animaux: elle diminue de soixante pour cent la production de cellules destinées à lutter contre la maladie.»

Marie Chalouh a écrit, dans la revue *Communiqué* de la Société d'arthrite, ce qui suit: «Ce qui pose un problème, de nos jours, en matière de médicaments, c'est l'usage qui en est fait. Toujours plus nombreux, les médicaments possèdent des vertus thérapeutiques et des propriétés curatives toujours plus actives, mais il ne faut pas oublier qu'en un sens ce sont aussi des «poisons».»

Le Docteur Henry Picard: «Nous ne perdrons jamais de vue dans ce travail de régulation endocrinienne le lien interglandulaire et les interférences auquel il donne lieu. Nous en avons un exemple expérimental dans les conséquences de la corticothérapie au long cours. Nous comprenons bien qu'en déséquilibrant une partie d'une seule glande par la saturation de l'organisme de son hormone sous une forme synthétique, les cellules glandulaires en question soient mises en sommeil et s'atrophient. Mais nous sommes étonnés de voir que l'hypophyse, la thyroïde, le pancréas, les parathyroïdes vont être déréglées et qu'elles vont manifester leur dysrégulation par le faciès de lune, la prise de poids, les troubles digestifs, l'ostéoporose, etc.»

Donc, comme nous venons de le constater, la cortisone perturbe le syndrome général d'adaptation et rend l'individu davantage fragile aux chocs en accentuant son déséquilibre glandulaire.

C'est également ce qui est clairement établi par le Dr. Kousmine: «La PGE_1 s'oppose aux inflammations pathologiques par la voie physiologique normale. Les corticostéroïdes et les anti-inflammatoires, eux, s'opposent à la production de la prostaglandine PGE_2 pro-inflammatoire, nocive et indésirable dès qu'elle se trouve produite en excès. Malheureusement, ces médicaments bloquent simultanément la production de la PGE_1, son antagoniste naturel, et rendent par là la guérison impossible: ils ne sont que des palliatifs.»

Quant à M. Michel Deville, il rapporte les faits suivants: «Au sujet des méfaits de l'utilisation des hormones synthétiques, citons les tableaux des méfaits de la cortisone faits en 1959 par les professeurs F. Coste, Delbarre et le Dr. Cayla qui concernent l'hormonothérapie au long cours à propos de cent observations rhumatismales inflammatoires (Presse médicale du 13 juin 1959, no 67, p. 29). Voici les pourcentages de complications relevées par ces auteurs chez leurs malades, c'est-à-dire chez des sujets traités dans les meilleures conditions et par les plus éminents spécialistes:

- 36% d'accidents digestifs,
- 16% d'accidents osseux dont fractures vertébrales,
- 60% de prise de poids excessive avec faciès lunaire,
- 40% d'hypertension artérielle,
- 36% d'ecchymoses,

- 32% de chute de cheveux,
- 29% de troubles nerveux,
- 9% de morts.

Le cumul de ces pourcentages donne 258% ce qui revient à dire que la plupart des malades présentent au moins deux complications à la fois.»

Comment pouvons-nous espérer nous servir des hormones synthétiques pour obtenir la régulation d'un dysfonctionnement glandulaire? La cortisone s'attaque directement au mécanisme d'adaptation. Au début de la prise, c'est le miracle, l'inflammation et les douleurs régressent. Mais, pendant un faux mieux-être, débute le travail de destruction. Le système immunitaire s'affaiblit continuellement. Le dysfonctionnement glandulaire, présent depuis un certain temps avant l'arrivée de la maladie, est accentué par la cortisone à plusieurs endroits: les surrénales, la thyroïde, les parathyroïdes, le pancréas, l'hypophyse.

L'utilisation de la cortisone peut cependant être nécessaire en cas d'urgence. Dans ce cas, son administration devrait être faite comme celle des antibiotiques donnés pour combattre une grave infection. La dose initiale serait la plus forte et chaque jour suivant la dose serait diminuée. Cette thérapie ne devrait pas excéder une semaine ou deux car l'arrêt du médicament serait de plus en plus difficile. Et la thérapie glandulaire peut être appliquée parallèlement.

C'est également l'argument d'Alain Cornic qui stipule que: «Par exemple, la cortisone (ou ses dérivés) est fréquemment proposée dans les pathologies rhumatismales «lourdes» et invalidantes. Ce médicament se révèle extraordinaire et soulage très souvent en peu de temps le patient. Essayez de diminuer les doses et celui-ci rechute plus violemment. Continuez le traitement, et dans quelques années apparaîtront décalcification osseuse, ulcères d'estomac, fragilité de peau, atteinte fonctionelle pancréatique et hépatique.»

ANTI-INFLAMMATOIRES NON-STÉROÏDIENS (AINS)

Docteur Sven Neu et Docteur Karl Ransberger: «D'autres anti-inflammatoires, dits non stéroïdes (ou stéroïdiens), peuvent de même correctement calmer les douleurs et les autres signes inflammatoires mais sont tout autant dépourvus d'action sur la destruction évolutive de l'articulation. Leur mode d'action est basé sur l'inhibition des prostaglandines qui occupent un rôle d'intermédiaire dans la genèse des inflammations.»

En voici quelques-uns: l'aspirine, le méthotrexate, le phénylbutazone et les sels d'or.

Voici les commentaires de J.P. Borel: «L'aspirine inhibe remarquablement l'enzyme cyclo-oxygénase, d'où l'arrêt de la synthèse de toutes les prostaglandines. Par contrecoup, la synthèse des leucotriènes s'en trouve augmentée.»

Ainsi que Judy Graham et Michel Odent: «Les dangers de l'aspirine dans les maladies chroniques ont aussi été longtemps sous-estimés. On a longtemps méconnu les véritables risques d'ulcères de l'estomac, d'hémorragies et en particulier d'hémorragies du tube digestif, les dangers pour l'oreille, les dangers chez les malades allergiques ou goutteux.»

Et du Dr H.-H. Reckeweg: «L'acide salicylique qui est souvent utilisé comme antalgique et antipyrétique peut, d'après Bostroem, inhiber de nombreux processus intermédiaires: la synthèse mucopolysaccharidique, la fonction du cycle de Krebs au niveau hépatique, la formation de glutamine et de sucres aminés.»

Peter Isakson, dans un article publié dans la revue «La Recherche», en avril 1996, mentionne en résumé: «L'aspirine est une référence dans la lutte contre l'inflammation et certaines douleurs. Mais, utilisée de manière continue, elle est relativement toxique pour le système digestif et le rein.»

«La plupart des données suggèrent que l'aspirine et les autres AINS disponibles ont une efficacité à peu près équivalente, bien que la dose nécessaire varie beaucoup selon le produit. Tous, cependant, ont de fâcheux effets secondaires. Ce sont avant tout des dérangements et des douleurs gastro-intestinaux, avec parfois la formation d'un ulcère (détérioration de la muqueuse superficielle) chez plus de 25% des patients, voire des hémorragies mortelles dans de rares cas.»

«L'aspirine réduit la fonction des plaquettes sanguines et la formation du thromboxane A_2 »

Marie-Paule Beyrouti, de la Société d'arthrite du Canada, mentionne en février 92: «Le méthotrexate, par exemple, inhibe la reproduction de l'acide folique et freine la reproduction des cellules. Il a été homologué en 1995 pour fins d'utilisation contre le cancer. Depuis, il fait partie intégrante de l'arsenal des chimiothérapies utilisées par les oncologistes.»

«Depuis, le méthotrexate compte au nombre des médicaments les plus utilisés au Canada et aux États-Unis, même si les patients doivent faire preuve de prudence quant à ses effets secondaires, tels que la nausée et la diarrhée.»

Judy Graham et Michel Odent: «Le méthotrexate fait partie des médicaments qui tuent des cellules en bloquant l'action d'enzymes essentielles. L'usage de telles drogues peut se discuter lorsqu'il s'agit de tuer des cellules malignes, mais les effets secondaires sont démesurés dans le cadre de maladies chroniques qui ne menacent pas la vie.»

Le phénylbutazone, employé parfois, est un médicament dangereux. Il peut entraîner des oedèmes, des éruptions cutanées, des ulcérations gastriques, des hémorragies digestives.

Les sels d'or largement employés demandent une surveillance attentive des urines et du sang et amènent souvent des incidents cutanés. Les injections de sels d'or peuvent être toxiques et donner des effets secondaires très sérieux, comme un blocage partiel de la moelle osseuse qui produit les globules rouges. Les reins peuvent être touchés ce qui provoque une fuite de protéines dans les urines. Les comprimés de sels d'or causent des nausées, des vomissements et des diarrhées.

Selon les Docteurs Sven Neu et Karl Ransberger: «L'or est administré aux rhumatisants sous forme de combinaisons organiques. Bien que l'on ne connaisse toujours pas son mode d'action, sa prescription reste néanmoins d'actualité. L'or s'accumule en dépôts tissulaires durables, il est toxique pour les vaisseaux et peut déclencher des réactions allergiques cutanées, des troubles oculaires et des anémies, entre autres effets secondaires.»

Il est certain que dans les cas d'urgence, lors d'un début subit d'une arthrite inflammatoire, certains médicaments chimiques peuvent être donnés dans le but d'atténuer la douleur. Car la douleur enlève aux individus leur autonomie. Mais des efforts devraient être faits, dans les milieux concernés, pour trouver d'autres possibilités de traitement pour les personnes atteintes d'arthrites rhumatoïde et inflammatoire.

Chapitre XII

LES DÉCLENCHEURS DE L'INFLAMMATION

«Une société qui dépend des sédatifs ou des stimulants pour continuer à fonctionner, ne peut pas survivre.»
Docteur René Dubos M.D.

Nous avons vu que les déclencheurs de l'inflammation provoquent des changements dans la fluidité membranaire. Cela conduit à une hyperperméabilité membranaire ainsi qu'à l'activation de la pompe à sodium (Na^+) et la pompe à potassium (K^+) de la membrane cellulaire. Ces réactions produisent une activation de la pompe à calcium (Ca^{2+}-ATPase), ce qui a pour effet d'augmenter anormalement l'entrée du calcium dans le cytosol.

L'hyperperméabilité membranaire peut aussi être causée par des déclencheurs qui agissent sur l'enzyme phospholipase A_2 (PLA_2) associée à la membrane. Cette enzyme phospholipase A_2 conduit alors à des réactions provoquant également la libération d'acide arachidonique.

L'hyperperméabilité membranaire augmente la vitesse des réactions qui provoquent la libération d'acide arachidonique.

Nous avons vu que l'acide arachidonique a deux voies: la cyclo-oxygénase et la lipoxygénase. Ces deux voies produisent des éléments considérés comme de puissants médiateurs de l'inflammation. Il est donc essentiel pour un thérapeute de reconnaître les déclencheurs de l'inflammation. Tous ces déclencheurs déstabilisent la cellule en lui occasionnant une hyperperméabilité membranaire.

Il ne sert à rien de donner des substances qui bloquent une partie de la cascade de l'acide arachidonique, à savoir une des deux voies (cyclo-oxygénase ou lipoxygénase). En bloquant une des deux voies, nous ne faisons qu'accélérer l'autre voie. Il en est de même pour les substances qui bloquent l'enzyme phospholipase A_2. Ces médicaments empêchent alors la sortie des deux voies et de leurs médiateurs de l'inflammation. Ces médicaments ne font que diminuer les symptômes et cela, quel que soit l'endroit de leur «travail». La cause première de la maladie rhumatoïde ou inflammatoire n'est pas corrigée; l'hyperperméabilité cellulaire se poursuit.

Voici maintenant les différents déclencheurs de l'inflammation ou «perturbateurs» des membranes cellulaires.

LES HORMONES PRO-IFLAMMATOIRES

Nous avons décrit ce que font les trois hormones pro-inflammatoires: l'hormone de croissance (STH), la désoxycorticostérone (DOC) et l'aldostérone. Elles déclenchent l'inflammation ou aggravent l'inflammation et la barrière inflammatoire déjà en place. Selye dit que c'est la STH qui est la plus dangereuse; c'est d'ailleurs ce que nous avons nous aussi remarqué lors des thérapies.

LE DÉSÉQUILIBRE DES ACIDES GRAS ESSENTIELS

Nous avons étudié dans les chapitres précédents, qu'un déséquilibre au niveau des acides gras essentiels augmente la perméabilité membranaire. Et conduit à un déséquilibre des prostaglandines ainsi qu'au déclenchement de l'acide arachidonique.

L'ADRÉNALINE

Un taux élevé et soutenu d'adrénaline dans le sang représente une agression toxique pour les lysosomes. Cette agression toxique cause ou peut causer une perturbation de la perméabilité membranaire des lysosomes. Cela accroît l'activité oxydative de la membrane lysosomale qui forme du H_2O_2 et cause la sortie des enzymes lysosomales. Les enzymes lysosomales sont des éléments pro-inflammatoires. L'adrénaline est également responsable de l'augmentation de l'enzyme phospholipase A_2.

Stephen A. Levine PhD et Parris M. Kidd PhD.: «Le stress émotionnel contribue à augmenter le stress oxydatif dû à la tendance de l'adrénaline et de la noradrénaline à s'oxyder en dérivés de radicaux libres.»

Le stress physiologique ainsi que les chocs émotionnels augmentent les taux d'adrénaline et de noradrénaline, ces hormones étant converties en dérivés réactifs par oxydation, produisent une quantité anormale de radicaux libres. Ces réactions peuvent causer une immunosuppression et par la suite déclencher d'autres détériorations physiologiques.

LES GLUCOCORTICOÏDES (LE CORTISOL)

Une grande quantité de cortisol est dévastatrice et gêne les réactions qui conduisent à la synthèse des prostaglandines. Le cortisol, en quantité soutenue dans le sang lors de stress chronique, est responsable de la sortie de la cascade de l'acide arachidonique et peut affaiblir considérablement le système immunitaire.

Le cortisol inhibe la synthèse:

1) de l'acide hyaluronique,
2) des fibres collagènes,
3) des protéoglycanes.

Les glucocorticoïdes, selon Laborit, «interviennent sur les phospholipides membranaires. Ils provoquent une augmentation de la Na^+/K^+-ATPase et créent une augmentation du Ca^{2+} et une augmentation de l'acide arachidonique.»

LA SÉROTONINE

La sérotonine est un neurotransmetteur qui produit un effet inhibiteur au niveau du cerveau. Une petite quantité est concentrée dans le tronc cérébral appelée noyau du raphé. Les axones qui proviennent de ce noyau se terminent dans l'hypothalamus, diverses autres parties de l'encéphale et la moelle épinière. Elle intervient dans l'endormissement, la perception sensorielle, la régulation de la température et la maîtrise de l'humeur.

Laborit: «Les glucocorticoïdes paraissent augmenter la synthèse de la 5-HT (sérotonine) dans les aires cérébrales variées. Un homme adulte possède environ 5 à 10 mg de sérotonine (5-HT) dans son organisme, dont 90% environ sont localisés dans l'intestin et le reste dans le sang, les plaquettes et le cerveau.»

Et selon Richard Wurtman, du MIT: «La sérotonine est un neuromédiateur dont la synthèse est favorisée par l'administration d'un précurseur alimentaire: le tryptophane, un acide aminé... La transformation du tryptophane en sérotonine dépend de la proportion de glucides dans la ration alimentaire. En retour, la synthèse de la sérotonine influe sur la quantité de glucides que l'individu choisit spontanément d'absorber...»

Les injections d'insuline, selon Wurtman, provoquent une augmentation de la concentration de tryptophane dans le cerveau, en stimulant la synthèse de la sérotonine.

«L'administration à des animaux de régimes riches en protéines avait également des effets surprenants: alors que les aliments contenaient beaucoup d'acides aminés, la concentration cérébrale de tryptophane était réduite et la synthèse de la sérotonine ralentie...»

«Tandis qu'un régime riche en glucides a l'effet contraire, car l'insuline sécrétée en réponse à l'afflux de glucides diminue la concentration plasmatique des acides aminés en concurrence plus qu'elle ne diminue celle du tryptophane. Le tryptophane, protégé par l'albumine (grosse protéine plasmatique), est à l'abri des effets de l'insuline.»

Donc, une augmentation de la libération de sérotonine devrait se produire après un repas riche en glucides (rapport élevé), tandis qu'une diminution devrait être observée après un repas riche en protéines (rapport faible).

La sérotonine fait partie des substances qui augmentent ou qui stimulent l'enzyme phospholipase A_2.

LES IONS

Dans l'atmosphère nous retrouvons des ions positifs et des ions négatifs. Le Dr. Hervé Robert mentionne que les ions positifs augmentent le taux de sérotonine, tandis que les ions négatifs diminuent le taux de sérotonine dans le sang, le cerveau et les urines. La sérotonine a aussi été baptisée «l'hormone de l'humeur».

«Mais cette baisse du taux de sérotonine sous l'effet des ions négatifs ne semble pas systématique; elle est variable selon les sujets. Chez les personnes peu sensibles aux ions, il y a des variations de la sérotonine. Mais, chez les sujets très sensibles aux ions négatifs, le taux de sérotonine baisse en moyenne de 50%.»

«Les antidépresseurs favorisent la synthèse et l'accumulation de sérotonine dans l'organisme.»

«Les ions négatifs ont surtout un rôle de rééquilibrage dans l'organisme; ils lui donnent les moyens de s'adapter à une situation déstabilisante.»

Cette baisse du taux des ions négatifs est variable selon les sujets. Sulman a montré que «certaines personnes n'accusent que de minimes modifications, alors que d'autres ont de nettes variations. Tout est fonctionnel de leur propre métabolisme de la sérotonine et de leur sensibilité personnelle aux ions.» D'ailleurs, quelques jours avant un orage, les personnes les plus sensibles aux ions positifs voient une augmentation des douleurs d'arthrite, cependant durant et après l'orage, les douleurs ont tendance à diminuer.

Selon P. Jouan: «La sérotonine peut stimuler la sécrétion d'aldostérone.»

Les ions négatifs sont presque tous des ions oxygène qui, en raison de leur charge électrique, apportent une énergie utilisable pour les échanges biochimiques au niveau des membranes cellulaires. La présence d'ions est nécessaire à la vie. Ils agissent en très faibles quantités, tout comme les hormones, les vitamines ou les oligo-éléments.

Des médecins ont noté le parallélisme entre les modifications de la pression atmosphérique, les variations du taux d'ionisation et l'apparition de maladies aiguës: crises d'asthme, attaques d'hémiplégie, infarctus du myocarde, états dépressifs, crises de rhumatismes, ulcères d'estomac, hémorragies digestives et crises de migraines.

Les ions positifs agissent au niveau des glandes endocrines et stimulent en particulier la sécrétion des hormones minéralo-corticoïdes produites par les surrénales. Quant aux ions négatifs, ils favorisent la sécrétion d'hormones glucocorticoïdes, notamment du cortisol. Les ions négatifs accélèrent le fonctionnement du cycle de Krebs qui fabrique l'énergie des cellules et la met en réserve sous forme d'ATP (adénosine triphosphate).

Il faut accepter l'évidence que nos cellules sont programmées depuis des millénaires pour intégrer une ionisation équilibrée de l'air où doivent prédominer les ions négatifs liés à l'oxygène. La membrane cellulaire est baignée d'une solution électrolytique comportant des ions, certains chargés positivement: le sodium (Na^+), le potassium (K^+), le calcium (Ca^{2+}) et le magnésium (Mg^{2+}); d'autres négativement: le chlore (Cl^-) et le radical hydroxyle ($OH^\bullet$).

La face interne de la membrane cellulaire est chargée négativement et la face externe positivement; cette dernière va donc capter les ions négatifs, puisque les charges contraires s'attirent. Il se crée ainsi un champ électrique transmembranaire (de 10 000 volts par mm) permettant le passage des ions négatifs qui vont contribuer à restaurer les fonctions biologiques perturbées. Par contre, un excès d'ions positifs entraîne des modifications électriques ralentissant les échanges ioniques.

Les ions positifs ralentissent le fonctionnement de l'hypothalamus, de l'hypophyse et le la thyroïde, alors que les ions négatifs les stimulent.

LA DIMINUTION DU TAUX D'ENDORPHINES

Les enképhalines, mieux connues sous le nom d'endorphines apportent un soulagement de la douleur de manière euphorique.

Ce sont les endorphines, lors d'heureux moments, qui déclenchent la sensation de bonheur intérieur ou euphorique. La zone limbique (appelée zone des émotions), située au cerveau contient beaucoup de sites récepteurs pour les endorphines.

Deva et James Beck diront: «Il semble en effet que les symptômes et maladies le plus généralement attribués au stress, soient liés à une baisse d'endorphines...

«Le Dr. Agnoli et son équipe en Italie ont concentré leurs recherches sur le phénomène bien connu de la migraine et mirent en évidence une corrélation entre la migraine et une diminution d'endorphines. Ces faits sont également confirmés pour l'arthrite et les symptômes arthritiques. Dans un numéro de «Science News» de 1981, le Dr. Denko et ses collaborateurs rapportent que chez des patients souffrant d'arthrite, d'ostéoarthrite, de goutte et autres maladies rhumatismales, le niveau d'endorphines était remarquablement bas, aussi bien dans le sang que dans le liquide articulaire.»

LE LAIT

Le Docteur Carol Vachon, Ph.D., a une expérience de plus de 16 ans à titre de chercheur universitaire. Il possède un Bac ès sciences, a complété un doctorat en physiologie (spécialité en endocrinologie) et a fait un stage post-doctorat au département de médecine interne à l'université de Genève, suivi de neuf années en tant que consultant en nutrition auprès du grand public.

Voici donc le très intéressant et instructif résumé de la pensée du Docteur Carol Vachon: «Les méthodes de production du lait (alimentation des vaches, pasteurisation, etc.) en affectent-elles la qualité? Déjà au début du siècle, des recherches indiquaient que **la pasteurisation du lait augmentait les besoins en minéraux.** D'autres recherches et témoignages plus récents relèvent des effets négatifs de la pasteurisation.»

«On n'en tient pas compte car prévaut la peur des infections par le lait cru. À cet égard, le lait ultrafiltre «Pur Filtre» qui subit une pasteurisation moins longue semble un pas dans la bonne direction.»

«Le lait est un aliment très particulier, complexe et sophistiqué, facile à perturber. Les nouvelles méthodes de production depuis ce siècle risquent donc d'avoir favorisé allergies et intolérances au lait depuis longtemps. Il n'est plus ce qu'il était. À cet égard, l'avènement de la somatotrophine bovine pour forcer les vaches à produire beaucoup plus de lait est inquiétant.»

«Lors de trois rencontres suscitées avec des producteurs laitiers, j'ai été en mesure de constater que plusieurs étaient conscients de ces problèmes. On consomme du pain depuis des millénaires; cela ne nous a pas empêché d'observer que celui fabriqué avec de la farine raffinée (blanchie) favorisait la maladie.»

«Je ne suis certainement pas contre la consommation de produits laitiers mais contre l'inconscience qui empêche d'y voir clair. La pire est probablement celle qui entretient l'impression que les produits laitiers sont essentiels toute la vie. C'est faux: le lait n'est-il pas le seul aliment exclu par la nature après le sevrage?»

«Il est permis de douter des analyses (épidémiologiques ou autres) quand elles contredisent la biologie. En occultant la réalité, les convictions erronées ne nuisent-elles pas à l'industrie laitière elle-même? Je m'efforce de rétablir les faits en m'appuyant sur une carrière de plus de 16 années à titre de chercheur universitaire en bio-médecine et en nutrition (dont un post-doctorat) suivie d'années comme consultant en nutrition auprès du public.»

«Compte tenu de l'importance de l'activité physique pour maintenir et développer de bons os, il y a donc de nombreuses femmes (et hommes) qui ne sont pas en bonne forme physique tout simplement parce qu'ils sont immobilisés par des troubles dont une part est occasionnée par les produits laitiers: troubles digestifs, menstruels et hormonaux divers, asthme, arthrite rhumatoïde, raideurs musculaires, etc.»

«En pratique privée, nous rencontrons souvent des femmes dont les troubles hormonaux (menst-ruels, thyroïde...) sont corrigés suite à la suppression partielle ou totale des produits laitiers, surtout du lait. Justement, les recherches lient les troubles hormonaux au lait. On sait que l'instabilité hormo-nale nuit aux os; elle expliquerait pourquoi la masse osseuse baisse plus rapidement dans les premières années de la ménopause (l'organisme est instable) et aussi pourquoi les suppléments de calcium sont si inefficaces à cette période. Que dire si les troubles hormonaux datent de décennies suite à une réaction nocive au lait (ou autre aliment)? Il n'est donc pas surprenant que les produits laitiers puissent réduire la masse osseuse dans l'étude de Vas Beresteijn.»

«On ne se rend pas compte d'une importante contradiction. On ne verrait pas, par exemple, une vache ou une marmotte prendre du lait après le sevrage; en fait, il n'y a qu'un seul aliment exclu par la biologie après le sevrage, le lait. Pourtant, il n'y a qu'un seul aliment essentiel toute la vie selon le Guide alimentaire canadien, le lait et les produits laitiers. On a même augmenté le nombre de portions de produits laitiers dans la dernière version du Guide. Hors des produits laitiers, point de salut. Les autorités sont en train de refaire la biologie avec leur savants calculs compliqués.»

«Il faut revenir à plus de sagesse. Le généticien Albert Jacqard ne disait-il pas qu'un scientifique qui n'est pas philosophe est un bricoleur dangereux? Par contre, il serait simpliste de s'interdire les produits laitiers sur la base de ces considérations. L'humain en consomme depuis des temps immémoriaux, ce qui inclut des populations bénéficiant d'une longévité remarquable.»

«Toutefois, cela fait référence surtout aux laits de chèvre, de brebis, de jument, etc., bien différents du lait de vache. Ce dernier est de consommation très récente dans l'histoire humaine : les 3/4 de la population mondiale n'en prenaient peu ou pas avant la Guerre. D'autre part, le lait était donné surtout avant le sevrage ou consommé le plus souvent fermenté. En général, les adultes n'en consommaient peu ou pas, - c'est pour les enfants -, disaient-ils.»

«Enfin, aspect fondamental, le lait d'aujourd'hui ne vaudrait pas celui d'autrefois. On a refusé de vérifier honnêtement si les modes actuels de production et de transformation (alimentation de la vache, pasteurisation, etc.) ne favoriseraient pas la nocivité des produits laitiers. En fin de compte, je pense que le lait de vache est déclassé par rapport aux autres laits animaux en partie parce que nous en avons fait une mauvaise utilisation: les méthodes de production du lait de chèvre, par exemple, sont moins industrielles ou, disons, agressives, donc l'altéreraient moins.»

«En effet, la nature a fait du lait un aliment extrêmement complexe ayant des propriétés non seulement pour nourrir le nouveau-né mais aussi pour protéger son intestin et pour préparer son système immunitaire. Détruire une bonne partie des propriétés de cet aliment par la pasteurisation, l'homogénéisation, etc. ne peut qu'affecter la digestion, les fonctions de nutrition et le système immunitaire de celui qui en prend, enfant ou adulte.»

«L'équilibre du système immunitaire est essentiel au bon fonctionnement des organes du corps. Comme les produits laitiers le perturbent si souvent (ils sont champions des allergies et des intolérances), il ne faut donc pas se surprendre des nombreux troubles qu'ils peuvent occasionner. »

TROUBLES ARTICULAIRES ET MUSCULAIRES

«De nombreuses constatations et plusieurs données scientifiques lient les produits laitiers à l'arthrite rhumatoïde.»

«L'arthrite rhumatoïde accompagne souvent des maladies inflammatoires de l'intestin comme la maladie de Crohn et la colite ulcéreuse auxquelles elle semble liée.»

«L'arthrite rhumatoïde s'accompagne souvent de douleurs musculaires. Bien des buveurs de lait (un litre, souvent moins), des enfants et des adolescents surtout (mais aussi des adultes), se plaignent de douleurs articulaires aux genoux et aux hanches et de douleurs musculaires aux membres et au tronc, les fameuses «douleurs de croissance» quoi. Entrent dans ce groupe bien des cas de maladies inflammatoires des muscles genre «fibromyosites». Enfin, il y a des cas d'arthrose de la colonne vertébrale à 50 ans corrigés en quelques années de suppression des produits laitiers (parfois de grands buveurs de lait).»

TROUBLES HORMONAUX

«La population est peu au courant des nombreux liens entre l'alimentation et les désordres hormonaux. Le lait serait une cause importante du diabète juvénile en entraînant la destruction auto-immune des cellules sécrétrices d'insuline. Ces destructions, selon les données, s'accompagnent fréquemment de celle des cellules de la glande thyroïde et d'atteintes aux surrénales.»

«N'y aurait-il pas là une explication à certains cas d'hypothyroïdie dont «on ne connaît pas la cause» (qu'il y ait ou non diabète)? Certains individus ont été guéris ou soulagés par la suppression des produits laitiers. Or, l'hormone thyroïdienne est nécessaire aux os.»

«Plusieurs seront surpris d'apprendre que la suppression des produits laitiers peut corriger ou réduire fréquemment les troubles (syndrome) prémenstruels: tensions diverses, crampes, douleurs et kystes aux seins, kystes ovariens, maux de tête, irritabilité..., même le fibrome qui régresse lentement.»

«Fait déroutant, il faut parfois attendre quelques cycles menstruels pour voir son état s'améliorer.»

La dualité du lait: riche en calcium mais déséquilibrant

«Les produits laitiers possèdent donc une dualité difficile à départager: ils sont très riches en calcium mais risquent de créer des désordres dont certains sembleraient même augmenter les besoins de ce minéral. Ce phénomène serait à la source du «syndrome de privation», c'est-à-dire une augmentation des symptômes ressentis les premiers jours de suppression des produits laitiers.»

Et il conclut en ces termes:

«Dans nos pays, les intolérants au lactose ont tendance à faire plus d'ostéoporose. On attribue encore cela au fait que ces personnes n'ont pas pris assez de calcium. Bien au contraire, il est probable qu'ils aient perturbé leur santé en se forçant à consommer des produits laitiers. Pourtant aucun être vivant sur terre ne s'efforce à consommer un aliment qui lui est incompatible. **Au fait, une proportion quatre fois plus élevée de Chinois**

(90% au lieu de 20-25% ici) sont intolérants au lactose et ne consomment pas de produits laitiers. À ce compte, ils devraient souffrir énormément d'ostéoporose. Pourtant, c'est le contraire.»

Selon le Docteur Jean Seignalet M.D., la composition du lait de vache diffère énormément du lait de la femme. Voici les principaux éléments du lait de vache qui peuvent affecter les membranes cellulaires et conduire aux maladies inflammatoires.

Le lait humain contient beaucoup plus d'acides gras essentiels. Le lait de vache contient beaucoup moins d'acide linoléique et huit fois moins d'acide linolénique; le lait humain renferme une très grande quantité d'acide gammalinolénique. Le lait de vache contient de l'acide stérique dont l'assimilation est difficile; le lait humain contient de l'acide palmitique et de l'acide oléique. Sur le plan des protéines, le lait de vache apparaît bien divergent par rapport au lait humain: il est composé de trois fois plus de protéines. De plus, les protéines bovines ont une structure primaire différente des protéines humaines. Le lait de vache renferme beaucoup plus d'IgG et beaucoup moins d'IgA, contrairement au lait humain qui contient plus d'IgA.

Ces quelques données, puisées dans le livre du Docteur Jean Seignalet, suffisent largement à nous démontrer que le lait de vache représente un danger certain pour notre santé et pourrait même occasionner les maladies rhumatoïdes et inflammatoires.

LES CARENCES EN ENZYMES

Pour Michel Deville: «Les enzymes sont des structures protéiques, fragiles et spécifiques, par lesquelles les cellules accélèrent les réactions énergétiques possibles qui resteraient trop lentes aux températures et aux pH cellulaires. Les enzymes règlent et harmonisent les vitesses relatives des diverses voies des métabolismes intermédiaires grâce auxquels les cellules sont maintenues en vie.»

Le Dr. Jacques Ménétrier dira: «Toutes les fonctions métaboliques et endocriniennes indispensables à la vie, à la naissance et au développement, sont liées à la présence de ces facteurs régulateurs et constructeurs.»

«Les enzymes sont constituées de protéines macromoléculaires (assez grosses molécules) et possédant des activités biocatalytiques. Les enzymes sont des spécialistes qui s'adaptent à des substrats (des composés organiques), mais chaque enzyme (la clef) ne s'adapte qu'à un seul type de substrat (la serrure).»

Les enzymes sont des catalyseurs très spécifiques. Si l'on considère que pratiquement toutes les réactions biochimiques sont catalysées par des enzymes spécifiques. Elles agissent à très faible concentration par rapport aux substances transformées. Toutes les réactions chimiques aboutissent finalement à un état d'équilibre entre les substances initiales et les substances nouvelles produites par la réaction.

Jacques Ménétrier: «Chaque enzyme ne possède qu'une seule action spécifique, ce qui veut dire que chaque enzyme a bien une action définie. Il existe quelques milliers d'enzymes connues. Au début de leur découverte, on leur donnait un nom se terminant par «ine», comme la pepsine, mais aujourd'hui, les noms se terminent en «ase».»

Les proportions respectives des corps en présence au moment de l'équilibre sont d'ailleurs variables suivant la réaction considérée, car l'action des enzymes est uniquement d'accélérer l'obtention de cet état d'équilibre. Une même enzyme va donc pouvoir catalyser la réaction dans les deux sens suivant que les proportions respectives des différents constituants se trouvent au-dessous ou au-dessus du taux de l'état d'équilibre. C'est à cette propriété que l'on donne le nom de réversibilité.

Les coenzymes, qui ne sont pas des protéines mais des molécules, sont nécessaires à la production d'au moins 80 enzymes différentes. Les coenzymes sont détruites lors de la réaction et doivent donc être constamment renouvelées, tandis que les enzymes restent intactes après leur participation et sont prêtes à se réactiver de nouveau.

En fait, ce sont les excès d'acides et ainsi que leur provenance qui nous intéressent au niveau de toutes les sortes d'inflammation. En effet, comment un organisme peut-il arriver à avoir un excès d'acides dans ses tissus?

Plusieurs causes sont possibles:

1) l'alimentation acidifiante et irritante,
2) le déséquilibre glandulaire,
3) les carences en vitamines, minéraux et oligo-éléments,
4) le sédentarisme.

Le pancréas joue un rôle déterminant au niveau de l'activité des enzymes. Il envoie des messages partout dans le corps à la recherche d'enzymes afin de les recycler en enzymes digestives. Il est même obligé de transformer les enzymes métaboliques en enzymes digestives, ce qui lui occasionne un surplus de travail. Cette activité n'est pas nécessairement dangereuse mais en se servant des enzymes métaboliques, il enlève à chaque cellule des outils de travail pour bien fonctionner. Autre conséquence directe: les tissus, les organes et même les artères vont souffrir du manque d'enzymes.

Mais l'acidité cellulaire, indépendante de l'acidité du sang, peut contribuer à inhiber totalement ou partiellement le travail ou la formation des enzymes. L'équilibre qui existe entre les acides et les bases est instable. Il est en perpétuel remaniement.

Une carence enzymatique ou un ralentissement du travail des enzymes à cause du changement du pH peut conduire aux différentes inflammations par auto-agression, comme par exemple les maladies inflammatoires intestinales, la maladie de Crohn, la colite ulcéreuse et les maladies rhumatismales, les maladies arthritiques inflammatoires ainsi que les autres maladies inflammatoires.

Les Docteurs Sven Neu et Karl Ransberger mentionnent: «Les études de l'Institut d'immunologie de Vienne (Autriche), celles des Cliniques rhumatologiques de Wiesbaden et de BadWiessee (Allemagne) confirmèrent qu'il est possible de traiter, grâce à la modulation du système immunologique par les enzymes, les affections rhumatismales les plus diverses, de supprimer les handicaps moteurs et de calmer les douleurs ainsi que de freiner, voire de stopper complètement leur aggravation constante et évolutive.»

N'oublions pas que les enzymes accélèrent les réactions qui permettent la destruction des substances acides (les déchets), qui sont déposées pendant la journée dans les tissus conjonctifs.

Les enzymes responsables du métabolisme intermédiaire (déshydrases, oxydases, peroxydases, carboxylases, catalases) sont très importantes. Elles participent à la cascade de l'acide arachidonique qui fabrique des éléments pro-inflammatoires, très utiles dans certaines circonstances, mais extrêmement dangereuses et destructrices en d'autres circonstances car ces éléments déclenchent les maladies rhumatoïdes et les maladies inflammatoires.

Les enzymes protéolytiques, comme la chymotrypsine et la trypsine, sont reconnues pour leurs propriétés anti-inflammatoires.

La vitamine C et les bioflavonoïdes sont reconnus pour augmenter la résistance des capillaires et renforcer les membranes cellulaires.

Selon Diane Perron: «Le Dr. Arnold Renshaw de Manchester en Angleterre a traité plusieurs cas à travers une approche enzymatique avec des aliments crus. Il fit un rapport dans les Annales des maladies rhumatismales (1947).»

«Il traita plus de 700 patients avec les enzymes pendant une période de plus de sept ans, et de bons résultats furent obtenus dans l'arthrite rhumatoïde, arthrite des os, fibrosite (une inflammation des tissus connexes). Quelques cas de spondylite ankylosante (une inflammation des vertèbres qui cause le raidissement) et la maladie de Still (qui affecte les plus jeunes, impliquant plusieurs jointures et parfois retardant le développement) ont aussi bien répondu à cette thérapie.»

«Le soulagement de la douleur était fréquemment rapporté par les patients souffrant d'ostéo-arthrite. Il fut noté que pendant les deux ou trois premiers mois, il peut ne pas y avoir d'amélioration notable; en fait la douleur peut empirer légèrement. Plus il y a longtemps que la maladie dure, plus long est le délai avant d'observer une amélioration. Les personnes souffrant d'arthrite de plus de cinq ans peuvent prendre de 6 à 12 mois avant que des améliorations deviennent visibles. Néanmoins, si le traitement est maintenu de façon persistante, ces cas deviendront définitivement guéris. Dans certains cas, cela peut prendre de 18 mois à 2 ans avant que le taux de sédimentation approche la normale.»

«Le processus de guérison est lent, mais il est constructif. Chaque cas est différent, cependant il n'y a aucun effet secondaire tels que ceux qui se produisent avec l'utilisation de la cortisone.»

LES CARENCES EN ZINC

Vue la très grande importance du zinc, je cite l'endos du livre: «Le zinc, en pathologie et en biologie» (1985), éditions Nauwelaerts et Maloine.

«Le professeur Jean Lederer mondialement connu pour ses travaux dans le domaine de la nutrition s'est intéressé tout particulièrement ces derniers temps au zinc. Cet oligo-élément dont on ne connaissait rien il y a vingt ans s'est avéré être d'une importance capitale dans le fonctionnement de l'organisme par son appartenance à plus de quatre-vingt enzymes.»

«Si les carences profondes ne se voient que dans les pays en voie de développement, il y a pas mal de carences marginales susceptibles d'intéresser le médecin praticien dans sa pratique quotidienne. C'est ce que nous révèle le livre du professeur Jean Lederer, croissance insuffisante, anorexie, hypogona-disme, oligospermie, retards de cicatrisation de plaies chirurgicales, déficience de la défense immunitaire, ulcère variqueux sont autant d'états dont l'évolution peut être influencée de manière néfaste par une carence larvée en zinc.»

Le zinc entre en effet dans la composition d'au moins 160 métalloenzymes. Ces enzymes sont les «superoxydes dismutases», ce sont des enzymes antioxydantes. Il participe également aux synthèses des prostaglandines, du collagène et de l'hémoglobine. Il rend la peau plus ferme et plus souple, il assure le bon fonctionnement des activités cérébrales et de la vision. Il joue un rôle important dans le métabolisme du glucose ainsi qu'à la mise en réserve de l'insuline. Le métalloenzyme est une enzyme qui contient un métal indispensable à son activité.

Jean Lederer: «Henkin (1969-1974 et 1976) a montré que l'administration de glucocorticoïdes provoque une diminution significative du taux de zinc plasmatique; cette chute est la conséquence d'une augmentation de l'excrétion urinaire. Kennedy et col (1975), Simkin (1976) et Blalog et coll. (1976) ont observé que le taux de zinc sérique était abaissé au cours de l'arthrite rhumatoïde.»

«Le déséquilibre glandulaire cause la carence en zinc et cette dernière cause un affaiblissement du système immunitaire. Golden et coll. (1977) avaient observé que chez les enfants en malnutrition protide-calorique en Jamaïque, il existe une atrophie du thymus qui persistait même après réhabilitation nutritionnelle, lorsque leur taux de protéines sériques et leur taux de corticoïdes étaient redevenus normaux. Leur taux de zinc sérique reste bas, mais lorsqu'on leur administre une dose de 2 mg de zinc par kg et par jour sous forme d'acétate de zinc, leur thymus regagne ses dimensions normales, et en même temps le taux de zinc sérique se normalise.»

Jean Lederer poursuit: «Il apparaît que la carence en zinc accentue les lésions cutanées provoquées par la carence en acides gras essentiels, et accentue aussi le ralentissement de la croissance, bien que le profil des acides gras dans le plasma ne soit pas modifié. La carence en zinc augmente la proportion d'acide arachidonique dans la graisse sous-cutanée des pattes postérieures, surtout chez les animaux carencés en acides gras essentiels.»

Lors de carences en zinc, Julius et coll. (1973) ont montré une diminution du taux des gammaglobulines, des IgA et des IgG, une atrophie du thymus et une diminution des lymphocytes T. Quant à Halsted et coll. (1972), ils ont mis en évidence des anomalies de la régulation de la fonction thyroïdienne. Le zinc joue un rôle dans la régulation des taux de T_3, de T_4 et de TSH.

Maydani et Dupont (1982) ont observé, au cours de la carence en zinc, une diminution de la synthèse des prostaglandines PGE_1, PGF_2 et PGI_2.

Les carences en zinc se retrouvent dans les maladies rhumatoïdes et inflammatoires, les infections chroniques, le psoriasis, le diabète, la tuberculose et l'infarctus du myocarde.

Les aliments riches en zinc sont les suivants: les graines de tournesol, les graines de courge, le germe de blé, la levure de bière, les noix, les champignons, le fromage, les oeufs, les haricots verts.

LES RADICAUX LIBRES

Selon le Docteur J. Reiter: «Que sont donc les radicaux libres? Pourquoi font-ils des ravages? Il faut d'abord se rappeler qu'une molécule se compose d'au moins deux atomes liés par des électrons qui gravitent en couches distinctes. Dans la situation idéale, chaque couche comporte un nombre égal d'électrons, ce qui équilibre la charge électrique de la molécule et stabilise l'ensemble de la structure. Le radical libre se distingue des autres molécules par le fait que sa couche externe présente un nombre impair d'électrons. Cette différence peut sembler dérisoire: il n'empêche que les molécules dotées d'un nombre impair d'électrons sont instables et que les lois de la physique les oblige soit à voler l'électron d'une autre molécule soit à se débarrasser de leur électron supplémentaire.»...

«Par conséquent, en modifiant le nombre de ses électrons, le radical libre déforme, corrode ou dégrade l'autre molécule. Au niveau cellulaire, cette interférence détruit les membranes, anéantit les enzymes vitales et altère le code génétique, ce qui se traduit au niveau de l'organisme par la maladie ou même la mort.»

Laborit souligne qu'«en ce qui concerne les radicaux libres, ils participent finalement aux actions qui déclenchent la cascade de l'acide arachidonique.» Dans son livre «L'Inhibition de l'Action», écrit en 1986, il mentionne: «Il y a de nombreuses années que nous avons attiré l'attention sur l'importance que pouvaient jouer les formations radicalaires libres en physiopathologie (Laborit et al. 1960 a), sur l'intérêt des piégeurs de radicaux libres en thérapeutique (Laborit et al., 1960 b et 1960 c; Laborit 1965), **dans les processus inflammatoires** (Laborit 1968, 1969) etc.»... Les piégeurs sont des éléments ou des substances qui bloquent la sortie des radicaux libres.

Selon le précis de biochimie de Harper: «Les xénobiotiques sont des composés chimiques étrangers à l'organisme, comme les drogues, les additifs alimentaires et les polluants environnementaux; plus de 200 000 xénobiotiques ont été identifiés.» D'ailleurs, un grand nombre de composés chimiques étrangers entrent dans la composition des radicaux libres.

Selon Stephen A. Levine Ph.D. et Parris M. Kidd Ph.D., il existe plusieurs substances qui peuvent produire des radicaux libres:

- substances gazeuses: oxyde nitreux, dioxyde sulfureux, ozone, etc.;
- substances inorganiques: antimoine, arsenic, cadmium, chromium, mercure, nickel, etc. (amiante, pesticides, herbicides, solvants);
- substances organiques: alcool éthylique, alcool méthylique, caféine, chlordane, colorant rouge #3, nicotine, phénols, salicylates, colorant jaune #5, etc. (également, la fumée de bois);
- substances chimiques thérapeutiques: acétaminophène, librium (chlordiazépoxide), chlorpromazine, méprobamate, flagyl (métronidazole), phénacetin, phénobarbital, théophyline, tolbutamide.»

Les chercheurs mentionnent que les dommages attribuables aux radicaux libres sont le résultat de modifications de la quantité d'oxygène dans les tissus et les cellules.

L'enzyme Na$^+$/K$^+$-ATPase est dépendante de l'intégrité des phospholipides membranaires. Cette enzyme est vulnérable aux radicaux libres provenant de la pollution, des drogues, de l'ozone, etc.

Selon Stephen A. Levine Ph.D. et Parris M.Kidd Ph.D, «la fameuse pompe, l'enzyme Na$^+$/K$^+$-ATPase, est particulièrement sensible aux attaques des radicaux libres. Il a été démontré par d'autres chercheurs, Allen et Rasmussen, que les transporteurs Na$^+$/K$^+$ étaient facilement endommagés par une forte augmentation d'oxygène (hyperbarique), même si la consommation de la cellule en oxygène était accélérée. Mais par contre, **elle dépend largement de l'intégrité des phospholipides membranaires.**»

Plusieurs oxydants puissants sont produits au cours du métabolisme à la fois dans les globules sanguins et dans la plupart des autres cellules de l'organisme. Ceux-ci sont:

- le superoxyde (O_2^-)
- le peroxyde d'hydrogène ($H_2 O_2$)
- les radicaux peroxyde (ROO$^\bullet$)
- les radicaux hydroxyle (OH$^\bullet$)

J.P Borel et coll.: «Les cellules phagocytaires disposent d'un système enzymatique membranaire capable de transformer l'oxygène en une série d'espèces chimiques douées de propriétés corrosives et destructrices intenses, les radicaux libres oxygénés. Ces cellules activées par un antigène étranger ou un complexe immun, il se produit une brusque explosion respiratoire, c'est la consommation d'oxygène de la cellule qui augmente de beaucoup. C'est **l'enzyme NADPH oxydase** (flavo enzyme) située dans la membrane cellulaire qui catalyse la réaction, pour finalement fabriquer l'**ion radical superoxyde**. Ce radical réagit ensuite en milieu acide pour former H_2O_2. L'eau ainsi oxygénée est toxique pour les tissus. Elle peut être dégradée par des enzymes appelées catalases ou utilisée par d'autres enzymes appelées **peroxydases** pour oxyder brutalement des substrats convenables.»

«L'eau oxygénée peut également en présence d'ions Fe, oxyder ceux-ci en libérant un autre radical libre extrêmement toxique, **le radical hydroxyle (OH•)**. Le radical OH• peut réagir avec toutes sortes de molécules organiques pour former des peroxydes qui sont fragiles et se dégradent rapidement, provoquant la destruction des molécules ainsi oxydées.»

«Certaines réactions enzymatiques mettent en jeu des radicaux libres oxygénés. **L'enzyme cyclooxygénase**, présente dans presque toutes les cellules, transforme l'**acide arachidonique** en **endoperoxydes cycliques** par un mécanisme faisant intervenir l'ion superoxyde. C'est important parce que cette réaction est à l'origine de la formation des prostaglandines. On peut donc conclure que lorsque des ions superoxyde sont formés dans un tissu par d'autres réactions, ils activent la formation de prostaglandines.»

«De même, le **radical libre hydroxyle OH•** est impliqué dans le mécanisme de réaction de l'**enzyme lipoxygénase** qui provoque la transformation de l'**acide arachidonique** en leucotriènes.»

«Un autre exemple d'intervention de radicaux libres est celui de la **thromboxane synthétase** des plaquettes.»

Lors de l'inflammation, les macrophages et les neutrophiles pénètrent dans le site inflammatoire et sécrètent des radicaux libres oxygénés qui provoquent la dégradation de nombreuses molécules présentes: acide hyaluronique, protéines, collagène, etc. Ces réactions peuvent accroître la synthèse des prostaglandines et la perméabilité vasculaire.

Les substances qui luttent contre les radicaux libres sont: les vitamines A, C et E, le sélénium, les huiles de bourrache, d'onagre et de poisson des mers froides, les flavonoïdes, les anthocyanes et la superoxyde-dismutase (SOD).

Selon Emile Lévy Ph.D.: «La peroxydation est un processus permanent dans notre organisme se produisant à l'aide de protéines spécifiques appelées enzymes ou bien par l'intermédiaire de réactions chimiques séquentielles radicalaires. Alors que, dans certains cas, la peroxydation surtout enzymatique protège contre l'invasion microbienne et joue, donc, un rôle de défense bénéfique, le deuxième type de peroxydation impliquant la génération de radicaux libres est généralement considéré comme nuisible. Les espèces chimiques dites radicalaires propagent considérablement l'élan de peroxydation, en faisant appel à l'oxygène, et altèrent différentes fonctions tissulaires.»

«Lors de déficience des antioxydants, les radicaux libres attaquent les membranes cellulaires, altèrent les doubles liens des acides gras polyinsaturés et modifient leur structure. Ces agressions finissent par avoir raison de la fonction membranaire (perméabilité, transport, activité enzymatique). Ces effets nocifs peuvent se répandre aux protéines, globules rouges, organelles cellulaires (mitochondries), etc. Ils peuvent aussi affecter les acides nucléiques (ADN), et gêner la transmission du patrimoine génétique, promouvoir le vieillissement, causer l'inflammation, la cataracte d'origine diabétique, le cancer et, particulièrement, l'athérosclérose.»

Les radicaux libres déclenchent la cascade de l'acide arachidonique. De la cascade, des réactions aboutissant à la biosynthèse des prostacyclines vont produire aussi des radicaux superoxydes.

Laborit: «Les méthylxanthines (caféine, théophyline et théobromine). La xanthine est une diocypurine, d'une structure proche de l'acide urique. La caféine est la 1,3,7,-triméthyxanthine. La théophyline, la 1,3,-diméthylxanthine et la théobromine, la 3,7,-diméthylxanthine. La caféine, la théophyline et la théobromine ont beaucoup d'actions communes: ce sont des stimulants centraux de la diurèse, du muscle cardiaque, des relaxants de la fibre lisse, en particulier des muscles bronchiques.» L'exposition à la caféine produit une grande quantité d'acide lactique au niveau musculaire, avec une augmentation de CO_2. À plus forte concentration, on remarque une contracture.

Laborit poursuit: **«Les méthylxanthines augmentent la perméabilité des membranes au Ca^{2+} et sa sortie des vésicules chargées.»**

«Akera et Brody ont montré que les radicaux libres inhibent la Na^+/K^+-ATPase en agissant sur les groupes sulfhydryles.»

«Parmi les agressions au niveau moléculaire nous devrons souvent aussi faire une large place aux processus d'oxydation dus à l'apparition de formes radicalaires libres douées d'un fort pouvoir oxydant et capables d'agir sur des molécules enzymatiques » «soit d'oxyder les lipides membranaires en perturbant en conséquence la perméabilité de ces membranes.»

En fait, c'est un moyen de défense qui peut évoluer en un moyen de destruction cellulaire.

Le métabolisme oxydatif est le reflet d'une utilisation rapide de l'oxygène. C'est la production de grandes quantités de dérivés réactifs tels que O^-_2, H_2O_2, $OH^\bullet$ et Ocl^- (ion hypochlorite) à partir de l'oxygène.

Levine Ph.D. et Kidd Ph.D: **«Si les dommages moléculaires causés par les radicaux libres ne sont pas éliminés ou réparés, ils peuvent stimuler le** métabolisme anormal, la production d'auto-anticorps, l'inflammation chronique ou aiguë qui tente de diminuer les dommages et l'accumulation des radicaux libres avant qu'elle ne menace le corps entier (...) Les émotions contribuent à augmenter le stress oxydatif parce que l'adrénaline et la noradrénaline s'oxydent en dérivés de radicaux libres.»

Le stress oxydatif d'origine physique, chimique, émotionnel ou infectieux peut diminuer l'efficacité de notre système d'antioxydants. Ce déséquilibre oxydatif peut mener à des inflammations dégénératives aiguës ou chroniques.

Les antioxydants ont une action stimulante sur le système immunitaire, une action anti-inflammatoire et une action anti-carcinogène.

Les radicaux libres sont contrôlés par:

1) catalases
2) dismutases
3) peroxydases
4) vitamine E
5) B (bêta)-carotène
6) cholestérol
7) acide ascorbique
8) cystéine
9) glutathion peroxydase
10) huile de poisson
11) huile d'onagre
12) huile de bourrache

LA PILLULE ANTICONCEPTIONNELLE

Cette prise hormonale est dangereuse pour le système glandulaire. Que les composés de la pilule anticonceptionnelle soient plus faibles n'empêchent pas les femmes d'avoir des problèmes de comportement et d'humeur, tels que l'anxiété, l'angoisse, l'irritabilité, les problèmes d'ordre émotif, etc.; bref, nous constatons facilement que les hormones de la pilule anticonceptionnelle ébranlent l'ensemble du système glandulaire et déclenchent ainsi le stress.

Betty Kamen, Ph.D.: «Nous savons que le stress affecte le métabolisme des corps gras, qu'il affecte le cholestérol, qu'il affecte la progestérone, qu'il affecte le cortisol, lequel nous affecte.»

Lorsque les surrénales sont épuisés (à cause d'un stress physique ou émotionnel) et qu'elles ne peuvent plus produire suffisamment d'hormones anti-stress, la progestérone circulante est alors convertie en hormone anti-stress. Ainsi s'en va la progestérone.

En 1964, il est mentionné dans le American Journal of Clinical Nutrition que: «Les femmes qui prennent les contraceptifs oraux sont plus sujettes à l'ostéoporose plusieurs années plus tard à cause de la diminution du taux de magnésium.» (American Journal of Clinical Nutrition, 1964).

Et le Dr. Ellen Grant nous révèle: «En 1979, un autre médecin français, le Dr. J.L. Beaumont, et son équipe, découvrirent une base immunologique possible. Ils trouvèrent qu'une femme sous pilule

sur trois avait des complexes immunitaires contenant des anticorps à l'éthinyl oestradiol (l'oestrogène
de toutes les pilules combinées). Les femmes qui
avaient fait des thromboses ou des phlébites avaient
les taux les plus élevés d'anticorps à l'oestrogène.
Les anticorps pouvaient être retrouvés deux mois
après le début de la pilule, et ils persistaient
pendant des années après l'arrêt de la pilule,
«comme une cicatrice immunologique».»

«En 1969, un éditorial du Journal of the
American Medical Association engageaient les
médecins à être très attentifs aux signes d'une interférence des hormones stéroïdes des contraceptifs
oraux avec les réponses immunitaires. Les progesta-
tifs, en particulier, ont tendance à causer des
maladies auto-immunes. Depuis, la sclérose en
plaques s'est répandue deux fois plus vite chez les
femmes que chez les hommes.»

«La pilule crée des bouleversements dans le
métabolisme des protéines et des graisses, ce qui
peut amener des distorsions dans le métabolisme
des prostaglandines.»

«Quand les hormones stéroïdes telles que la
pilule sont introduites dans le corps, elles modifient la
production des autres hormones stéroïdes fabriquées
par les glandes surrénales. Le Dr. Ketty Little a décrit
comment les pilules stéroïdes sont causes d'anomalies
des os, des cellules du sang, des vaisseaux sanguins et
des mécanismes qui combattent le stress.»

«Car malheureusement, la pilule n'intervient pas

seulement dans le contrôle normal de la fonction sexuelle mais elle agit aussi sur les hormones qui régularisent le stress, la croissance, l'activité thyroïdienne, ainsi que la division et le métabolisme de notre alimentation: hydrates de carbone, protéines, graisses, sels minéraux, vitamines et notre équilibre hydrosodé.»

«Les oestrogènes de synthèse et les pilules combinées élèvent les taux de cortisone.»

Dr. Ellen Grant d'ajouter: «Dans le cycle normal, il y a une élévation dramatique d'une enzyme (catalyseur) appelée monoamine oxydase (MAO), vers la fin du mois, et c'est à ce moment-là que les femmes se sentent malheureuses ou tendues et irritables.»

«La pilule change radicalement cet état de chose. La plupart des contraceptifs oraux produisent des modifications semblables à celles de la phase prémenstruelle: mais au lieu de se limiter à quelques jours, cet état critique peut se prolonger plusieurs semaines.» Il n'y a pas de poussée brutale de la MAO, mais le taux de cette enzyme est alors plus élevé pendant quelques semaines.

Et Laborit: «La formation d'H_2O_2 (peroxyde d'hydrogène) sous l'action de la MAO mitochondriale dans le cerveau du rat in vivo est admise (Sinet et all., 1980; Maker et al., 1981). Or, Seregi et al., (1983) ont montré que la cyclo-oxygénase responsable de la formation des prostaglandines (PGs) à partir de l'AA était en partie mitochondriale, comme l'est la MAO.

Ils ont montré que cette cyclo-oxygénase était fortement stimulée par H_2O_2 produit par l'oxydation des CA (catécholamines) et que les IMAO (inhibiteurs de la MAO) diminuaient la synthèse des PG endoperoxydes.» Donc, il existe une relation entre l'augmentation de la MAO et la cyclo-oxygénase.

Les réactions de l'enzyme MAO se font dans le cerveau. Mais depuis quelques années, il a été démontré par Candace Pert, Ph.D., que les neurotransmetteurs cérébraux possèdent des récepteurs cellulaires partout dans le corps. Donc, une persone anxieuse, par exemple, ne l'est pas seulement dans la tête, mais partout dans le corps. Les neurotransmetteurs circulent partout dans l'organisme. Pourquoi n'en serait-il pas ainsi pour l'enzyme MAO? Les femmes prenant des anovulants augmentent le risque de développer un déséquilibre de leur système glandulaire.

LE CANDIDA ALBICANS

On retrouve la levure Candida Albican au niveau de l'appareil digestif, de la peau, des organes génitaux et du système urinaire. Son rôle est de recycler les déchets que le corps produit lors de réactions physiologiques.

Le Candida peut se développer très rapidement. Tant et aussi longtemps que le système immunitaire fonctionne bien et que l'homéostasie est maintenue, il n'y a aucun danger de prolifération de cette levure. Il y a candidose s'il y a prolifération.

La prolifération de cette levure est engendrée par:
- le stress (glucocorticoïdes),
- les aliments dégénérés (fritures, farine blanche, etc.),
- les excitants alimentaires (café, thé, alcool, sucre, etc.).

Selon Stephen A. Levine Ph.D. et Parris M. Kidd Ph.D.: «Les infections chroniques comme dans le cas du Candida Albicans tendent à augmenter le niveau des radicaux libres produits par le stress oxydatif généré par les mécanismes immunitaires. La levure génère de grandes quantités d'acétaldéhyde qui contribuent au niveau de toxicité rencontré chez les personnes ayant la candidose chronique. Si les dommages moléculaires causés par les radicaux libres ne sont pas éliminés ou réparés, ils peuvent débalancer le métabolisme anormalement et stimuler la production d'anticorps auto-immuns, l'inflammation chronique ou aiguë qui tente de diminuer les dommages et l'accumulation des radicaux libres, avant qu'elle ne menace le corps entier.»

L'augmentation des radicaux libres peut perturber la réponse immunitaire avec la création du phénomène auto-immun. Parrallèlement, il y a le déclenchement de la cascade de l'acide arachidonique, accompagné de ses substances pro-inflammatoires. Cela peut donc conduire à l'arthrite rhumatoïde, aux arthrites inflammatoires et aux maladies inflammatoires.

LA CIGARETTE

Pour Stephen A. Levine Ph.D. et Parris M. Kidd Ph.D.: «Fumer la cigarette est la principale source de pollution intérieure dans nos maisons, bureaux... par les radicaux libres. La fumée de cigarette contient un certain nombre de radicaux libres venant de ses toxines qui ont été prouvées comme mutagènes et cancérigènes. La fumée de cigarette contient plus de trois milles composés identifiables. Les radicaux libres oxydants de la fumée de cigarette sont une source majeure de stress oxydatif du poumon et des autres organes exposés à la circulation.»

LES DÉCLENCHEURS DE L'INFLAMMATION VERSUS LES MÉDICAMENTS ANTI-INFLAMMATOIRES

Examinons maintenant comment interviennent les médicaments corticoïdes et les médicaments non stéroïdiens au niveau de la cascade de l'AA. Ces médicaments agissent au niveau de la phospholipase A_2 et de la cyclooxygénase dans les membranes cellulaires. Mais n'oublions pas la présence des déclencheurs de l'inflammation, qui continuent d'affecter les membranes (hyperperméabilité) et la phospholipase A_2 (activation). Alors, le problème est toujours là. C'est pour cela que les résultats obtenus pour les arthrites rhumatoïdes et inflammatoires sont mitigés, c'est-à-dire que la cortisone donnée ne suffit plus et qu'il faut ajouter les AINS. Et même avec cette association de médicaments, les dosages seront augmentés.

Il est admis scientifiquement que les médicaments corticostéroïdes et les anti-inflammatoires non stéroïdiens sont efficaces et importants à très court terme, surtout dans les cas d'urgence. Soit. Mais à moyen terme, demeurent-ils aussi efficaces que l'on veut bien nous le laisser croire? Qu'arrive-t-il aux membranes cellulaires?

Les corticoïdes inhibent la synthèse de la phopholipase A_2, ce qui arrête en même temps la formation des prostaglandines et des leucotriènes. Ils s'opposent aux synthèses protéiques et aux sécrétions des macrophages et des polynucléaires.

Nous avons vu que les corticoïdes affaiblissent le système immunitaire et occasionnent l'ulcère gastrique et l'ostéoporose. Mais il nous reste à éclaircir le déséquilibre ou l'hyperperméabilité de la membrane cellulaire. En somme, les corticoïdes bloquent la sortie de l'acide arachidonique, mais ils n'améliorent pas du tout l'état des membranes cellulaires (en hyperperméabilité).

Cet état d'hyperperméabilité, tant et aussi longtemps qu'il existera, commandera continuellement la synthèse de l'acide arachidonique. Tant que les déclencheurs de l'inflammation n'auront pas vraiment été éliminés ou diminués dans une proportion respectable, les membranes cellulaires en hyperperméabilité continueront d'affaiblir les cellules et les systèmes dans lesquels elles se trouvent.

Même si les corticoïdes inhibent la synthèse de la phospholipase A_2, l'inflammation persistera tant et aussi longtemps que la cause n'aura pas été identifiée et enrayée. Cette cause est la présence de déclencheurs de l'inflammation.

Laborit: «Les corticoïdes interviennent sur les phospholipides membranaires. Ils provoquent une augmentation des pompes Na$^+$/K$^+$-ATPase. » Ainsi, ils créent une augmentation du Ca^{2+} dans le cytosol et déclenchent la synthèse de l'acide arachidonique.

La cortisone a deux actions diamétralement opposées: elle arrête et provoque la synthèse de l'acide arachidonique.

Les déclencheurs augmentent la synthèse de la phospholipase A^2. Les corticoïdes inhibent la synthèse de la phospholipase A$_2$ et activent les pompes Na$^+$/K$^+$-ATPase.

L'hyperperméabilité de la membrane cellulaire accroît le Ca^{2+} dans le cytosol. La présence anormalement élevée de Ca^{2+} dans le cytosol augmente ou déclenche la cascade de l'acide arachidonique. C'est un gros combat et le gagnant n'est pas nécessairement la cortisone (les corticoïdes), puisque dans la plupart des cas, les douleurs ne sont diminuées que très légèrement. Des AINS sont souvent ajoutés à la cortisone, ou encore des immunosuppresseurs complètent l'arsenal déjà très puissant qui détruira petit à petit l'organisme.

Les AINS ne bloquent que la cyclo-oxygénase, ce qui amène une augmentaion de leucotriènes par la voie de la lipoxygénase. De plus, selon Laborit, les leucotriènes sortent en parallèle avec l'histamine qui est pro-inflammatoire.

En guise de conclusion, nous constatons facilement que les arthrites rhumatoïdes et inflammatoires ne pourront jamais être vaincues avec l'aide des médicaments chimiques. Nous réalisons que les actions à entreprendre devraient être dirigées au niveau des déclencheurs qui représentent la cause de ces maladies.

Chapitre XIII

LES SUPPLÉMENTS

«Pour éloigner la maladie ou recouvrer la santé, les hommes, en règle commune, trouvent plus facile d'être sous la dépendance des remèdes, plutôt que s'attaquer à la tâche plus ardue de vivre sagement.»

René Dubos M.D.

W.D. Currier, professeur de médecine préventive et de nutrition aux États-Unis: «Notre cerveau a besoin de 30% de plus de glucose que les autres parties du corps et de 30% de plus d'oxygène. Il a besoin également de grandes quantités d'éléments nutritifs, au point que s'il en manque, nous ne pouvons pas penser d'une façon correcte ni nous concentrer; nous sommes non seulement perturbés physiquement mais aussi mentalement et émotionnellement. Notre manière de penser, de sentir, de percevoir les choses dépend de notre santé physique et biologique, c'est-à-dire de notre état nutritionnel. Les malades qui ont tendance à négliger leur alimentation ne contribuent pas à améliorer l'évolution de leur maladie.»...

«Où prenons-nous les matières premières qui permettent à notre cerveau de produire les sécrétions hormonales de l'hypothalamus, de la glande hypophyse et des autres glandes?»...

«Ces matières premières proviennent des aliments que nous mangeons et de l'air que nous respirons. Il n'y a pas d'autre source. Quand nos cellules deviennent relativement affamées et qu'elles ne reçoivent pas les éléments nutritifs indispensables, il se produit sur l'organisme une charge de stress très importante.»

Et selon Herman Baker Ph.D., professeur en médecine préventive au Collège de médecine du New Jersey: «Sous l'influence du stress, la quantité de vitamines que nous absorbons habituellement n'est pas suffisante, notre besoin étant alors plus important.»...

«La carence d'apport est due à une insuffisance d'apport alimentaire vitaminé, à une consommation d'aliments pauvres en vitamines, d'aliments «délavés », dénaturés, traités chimiquement. Un apport normal devient en outre rapidement insuffisant quand le sujet est soumis à un stress chronique.»...

«En dehors du stress chronique qui représente la cause habituelle des déficiences en vitamines, les carences vitaminiques se rencontrent dans de nombreuses situations stressantes particulières qui affectent la physiologie des vitamines: alcoolisme, grossesse, troisième et quatrième âges, etc.»

L'alimentation est donc très importante. Pour plus de détails à ce sujet, je vous recommande la lecture du livre «L'arthrite: une souffrance inutile?». J'y explique les méfaits d'une alimentation acidifiante dans le développement des maladies rhumatoïdes et inflammatoires et j'indique la façon adéquate de s'alimenter.

Pierre Bugard: «On s'est peu préoccupé, jusqu'ici, des hypovitaminoses chroniques. Dans les pays développés les « carences vitaminiques affirmées» sont très rares, mis à part quelques cas de rachitisme infantile par carence d'apport en vitamine D. Par contre, le congrès de Munich de 1968 a mis en lumière la fréquence d'hypovitaminoses plus ou moins sévères dans les pays largement pourvus sur le plan alimentaire (Bermond 1969). Il existe plusieurs termes pour désigner ces hypovitaminoses chroniques: «Subcarence», «Précarence», «Carence partielle», «Carence inapparente», «État subcarentiel», «Forme fruste de carence», «État intermédiaire de carence», etc.»

«Que faut-il entendre par là? Bermond (1969) et Bickel (1970) rappellent à ce propos les observations de Mouriquand. Cet auteur provoquait à l'aide de rayons UV une microlésion de la cornée qui guérissait spontanément chez l'animal bien nourri, mais non chez l'animal légèrement carencé en vitamine A, bien que cette carence soit insuffisante pour faire apparaître un état franchement pathologique. Mouriquand remarqua aussi qu'en ajoutant au régime scorbutique du cobaye la minime dose journalière d'un demi-milligramme d'acide ascorbique, on obtenait, vers le trente-cinquième jour, un syndrome classique mais transitoire d'hypovitaminose avec oedèmes et hémorragies scorbutiques. Ces manifestations diminuaient ensuite progressivement, tandis que s'installait durant le troisième mois de l'expérience, un syndrome de pseudo-ankylose et de rétraction musculaire, avec rigidité du train postérieur de l'animal. Des radiographies faites en série chez cet animal subcarencé en vitamine C montraient, vers le 80e jour, un épaississement du périoste du fémur, aboutissant vers le quatrième mois de l'expérience, à un véritable syndrome d'arthrose chronique de la hanche.»

Nous sommes rigoureusement dépendants de la qualité des aliments que nous mangeons. Seule une industrie agricole respectueuse à la fois de la vie et de ses lois peut produire des aliments qui soient digne du terme «nourriture». Les suppléments alimentaires sont dus à la nécessité de pallier à la dégénérescence et la dégradation biologique de notre alimentation, qui ont amené de graves carences au niveau des substances essentielles. Notre organisme est devenu stressé à cause de notre mode de vie urbain et des excitants présents dans notre nourriture.

Toutes ces carences alimentaires et tous ces états de stress provoquent en nous un besoin de plus en plus urgent de suppléments alimentaires qui ne servent qu'à ralentir une dégénérescence hâtive de nos cellules. Car l'être humain a besoin d'énergie pour croître, se réparer, se reproduire et travailler. Nous voyons donc l'importance du rôle de ces éléments de remplacement pour «protéger» l'organisme contre l'usure prématurée et les maladies. Au sujet de l'unicité du corps, Marcel Sendrail dira: «Une maladie déterminée toutefois ne prend jamais valeur de pur accident: elle s'insère comme un épisode durable et furtif, dans la trame d'un destin individuel. Un individu malade se différencie de tous les autres individus par le bagage génétique propre dont il reçut l'héritage, par la spécificité de ses tissus et de ses albumines humorales, par l'originalité de son comportement fonctionnel que commande une formule hormonale sans équivalent ou des mécanismes réflexes associatifs, résultantes d'une longue histoire biologique incomparable à toute autre. Différent de tous les autres, le malade ne cesse de se ressembler à lui-même. Nulle pensée médicale n'a dénoncé plus assidûment que celle d'Hippocrate l'unité de l'être humain, unité que stabilisent avec force la constance de ses humeurs, l'exacte corrélation de ses hormones, la spécificité de ses défenses immunitaires, le contrôle de son système nerveux.»

Les suppléments alimentaires ne sont pas destinés à traiter les symptômes mais les causes. Voici donc une brève description des suppléments utiles pour contrer les maladies inflammatoires.

LA VITAMINOTHÉRAPIE

C'est l'emploi de différentes vitamines pour combler les carences. Voici quelques-unes de leurs fonctions:

- **La vitamine A** (rétinol) permet une meilleure sécrétion des sucs gastriques, ce qui contribue à faciliter la digestion des protéines. Elle permet aussi au foie de mieux accomplir son travail.

- **La vitamine B$_1$** (thiamine) assure l'engagement de l'acide pyruvique dans le cycle de l'énergie. Cette substance est très importante, elle joue un rôle essentiel pour la transformation du glucose en énergie dans l'organisme. Si le taux de thiamine est insuffisant, on retrouve alors un niveau élevé d'acide pyruvique dans le sang.

- **La vitamine B$_2$** (riboflavine) favorise la phosphorylation intestinale nécessaire à l'absorption des glucides.

- **La vitamine B$_3$** (vitamine PP) est nécessaire au fonctionnement du système nerveux central.

- **La vitamine B$_5$** (acide pantothénique) est une excellente nourriture pour les glandes surrénales.

- **La vitamine B$_6$** (pyridoxine) est essentielle au métabolisme des acides aminés et favorise la production des anticorps circulants.

- **L'acide folique** exerce un rôle fondamental dans la croissance et la reproduction des cellules. Il est essentiel à la production normale des hématies et des leucocytes. Des recherches ont démontré que l'acide folique et la vitamine B_6, prises conjointement, sont indispensables pour triompher de certains troubles mentaux. Il est important de mentionner que de nombreux médicaments inhibent l'action de l'acide folique dans l'organisme tels que l'aspirine à fortes doses, la cholestyramine (anti-cholestérol), les anovulants et l'alcool.

- **La biotine** joue un rôle important de coenzyme dans le métabolisme des graisses, des hydrates de carbone et des protéines. Donnée conjointement avec la vitamine B_5, elle permet d'améliorer la résistance de l'organisme au stress.

- **La choline** aide à la fabrication de l'acétylcholine, celle-ci agit comme médiateur chimique de l'activité nerveuse.

- **Les vitamines D_2** (ergocalciférol) et **D_3** (cholécalciférol) ont comme principale fonction d'augmenter l'absorption du calcium et du phosphore par l'intestin. Elles ont un effet direct sur le processus de calcification.

LA MINÉRALOTHÉRAPIE

C'est l'emploi de différents minéraux afin de combler les carences possibles.

- **Le calcium** exerce une action sédative sur le système nerveux central, puisqu'il intervient dans l'excitabilité de la fibre nerveuse. Son insuffisance provoque une hyperexcitabilité neuro-musculaire. Une grande partie du calcium est assimilée par les os pour la croissance du squelette et l'entretien du tissu osseux. L'os est le siège d'échanges constants avec le milieu intérieur et le sang, à qui il cède le calcium nécessaire au maintien du taux de calcémie.

- **Le magnésium** est d'une grande importance. Nombre de chercheurs de plusieurs pays ont participé en 1971 au premier symposium international sur le déficit magnésien en pathologie humaine à Vittel, en France. Il est mentionné que «ce premier symposium international sur le rôle du déficit magnésien en pathologie humaine, réunissant des chercheurs de nombreux pays, montre la place de premier plan qu'occupe aujourd'hui le magnésium en biologie et en pathologie.»

Selon le compte-rendu des débats du symposium: «cation essentiel, polytissulaire, nécessaire à l'intégrité anatomique et fonctionnelle de nombreux organes, le magnésium participe à tous les grands métabolismes comme catalyseur de systèmes enzymatiques intracellulaires. Il est indispensable au parfait développement physique et psychique de l'organisme. C'est sur le système nerveux et le muscle que son action est la mieux connue. Cependant il intervient dans d'autres domaines, en particulier ostéo-articulaire, rénal, endocrinien, cardio-vasculaire et gynécologique.»...

«La ration magnésique apparaît dans de nombreuses régions comme insuffisante et les carences en magnésium occupent aujourd'hui dans la pathologie humaine une place authentique universellement reconnue: ainsi, la pathologie magnésique, loin d'être exceptionnelle, doit être évoquée dans l'exercice quotidien de la médecine praticienne.»...

Selon Dr. P. Durlach (France): «Le déficit magnésique est connu en rhumatologie comme facteur d'ostéoporose. Le déficit magnésique intervient dans le métabolisme phosphocalcique de l'os d'une part et dans les phénomènes inflammatoires d'autre part. Le déficit magnésique entraîne une chute de la concentration du magnésium osseux et altère la minéralisation osseuse. L'ostéoporose, quelle que soit sa cause, s'accompagne de déficit magnésique. Dans les affections articulaires aiguës, le magnésium agit comme anti-inflammatoire. L'os carencé en magnésium subit un véritable «vieillissement» avec ralentissement métabolique, peut-être lié à l'inactivation de l'ATPase magnéso-activable.»

Voici ce qu'en pensent les deux chercheurs de Montréal J.P. Ruisseau et J.M. Marineau: «Il s'agit d'un cas d'ostéoporose chez un homme de 66 ans dont la maladie a été suivie pendant deux ans. L'hypocalcémie et une douleur dorsale intense ont résisté à neuf mois de traitement calcique. Cependant l'apport de magnésium au bout de quelques semaines a normalisé les deux facteurs.»

LES OLIGO-ÉLÉMENTS

Gabriel Bertrand a découvert le rôle que jouaient les oligo-éléments dans la nature. Le docteur Henry Picard dit, au sujet des oligo-éléments: «L'opinion que nous avions naguère concernant l'impossibilité des carences en oligo-éléments dans l'alimentation humaine moderne a quelque peu évolué. Ce que nous pensons de cette impossibilité devrait être juste si les conditions suivantes étaient réalisées:

1. alimentation variée végétale et animale provenant de sols divers et de la mer.
2. alimentation «naturelle», c'est-à-dire non modifiée dans sa composition par des produits chimiques d'origine industrielle. Nous pensons ici, bien entendu, à ce fléau moderne dont on parle de plus en plus et qui s'appelle pollution. En ce qui concerne les oligo-éléments, nous avons la conviction que la pollution des sols et de l'eau par des produits chimiques élaborés (insecticides, fongicides, désherbants, etc.) peut les rendre inaptes à leur activité biologique de catalyseurs en provoquant de combinaisons stables avec certains d'entre eux.»

Le docteur Picard mentionne que son expérimentation porte sur plus de 40 000 dossiers. Selon le docteur Jean Sal: «Pour nous, les oligo-éléments utilisés pour traiter les «maladies fonctionnelles» agissent comme des «catalyseurs» permettant une rééquilibration des échanges organiques.» L'oligothérapie est un moyen supplémentaire pour traiter sans traumatiser telle ou telle autre maladie fonctionnelle, au besoin en association avec tout autre traitement plus ou moins classique dont il améliorera le plus souvent les effets.»

Les principaux oligo-éléments employés sont:
- **le cuivre,** qui intervient dans la synthèse de l'hémoglobine et dans le développement des os. Il est également anti-infectieux et anti-inflammatoire;
- **l'iode,** qui est essentiel à la glande thyroïde;
- **le manganèse,** qui joue un rôle d'activateur dans de nombreux enzymes. Il est indispensable à d'importantes fonctions vitales;
- **le phosphore,** qui favorise l'assimilation du calcium;
- **le potassium,** qui contribue au maintien du taux de sodium dans les cellules et favorise l'utilisation du glucose au niveau musculaire;
- **le soufre,** qui agit au niveau du foie et de la désintoxication générale;
- **le zinc,** qui exerce un effet régulateur au niveau des fonctions hypophysaires et dont l'action se manifeste aussi au niveau du pancréas;
- **la silice,** qui aide à l'assimilation du calcium et aide l'organisme à se défendre lors d'infections.

Ces oligo-éléments, appelés catalyseurs, sont liés à des phénomènes d'échange en perpétuel recommencement.

L'ORGANOTHÉRAPIE DILUÉE ET DYNAMISÉE

Dans les «Cahiers de biothérapie» le Dr. Max Tétau affirme: «L'organothérapie est la thérapeutique qui agit sur les différentes glandes et tissus du corps humain pour en redresser le fonctionnement perturbé par administration d'extraits glandulaires et tissulaires homologués, dilués et dynamisés par la méthode hahnamannienne (homéopathique). Il ne s'agit pas d'obtenir un effet substitutif ou palliatif mais en agissant directement sur la glande ou le tissu en cause, elle permet d'en redresser le fonctionnement perturbé, en le stimulant ou en le freinant, selon des règles précises.»

LA PHYTOTHÉRAPIE

Elle consiste à utiliser des plantes sous la forme de tisanes, de capsules ou de comprimés.

Voici la liste de quelques plantes dont les effets bienfaisants sont reconnus:

- **L'artichaut** exerce une action sur les cellules mêmes du foie et permet à la vésicule d'éliminer davantage de bile. Il est aussi efficace contre les déficiences hépatiques.
- **Le boldo** stimule la digestion gastrique; il est aussi cholagogue.
- **La camomille** est une plante calmante et digestive.
- **Le fenugrec** agit sur le pancréas et stimule l'appétit.
- **La mélisse** fortifie le système nerveux.
- **Le pissenlit** favorise le travail des reins et permet ainsi une meilleure élimination des déchets.
- **La prêle,** riche en silice, est un reminéralisant et un puissant diurétique.

- **La réglisse** agit sur les glandes surrénales et calme les spasmes intestinaux.

- Au sujet de la **griffe du diable**, Lorna VanderHaegbe nous mentionne qu'«Au cours d'une recherche clinique conduite en Europe, on a comparé l'efficacité de l'extrait de griffe du diable avec celle du phénylbutazone, un médicament utilisé couramment dans le traitement de l'arthrite. L'extrait s'est avéré nettement plus efficace pour soulager la douleur et réduire l'inflammation des jointures, sans présenter d'effet secondaire.»...«Pour leur expérience, les chercheurs ont choisi un extrait standardisé, dont l'efficacité est invariable. Ceux qui se soumettent au traitement à long terme voient leurs douleurs et leurs enflures diminuer considérablement et découvrent avec plaisir que leurs taux de cholestérol et de sucre sanguins se sont stabilisés.»

LE CARTILAGE DE REQUIN

William Lane Ph.D.: «La somme des recherches sur les effets thérapeutiques du cartilage de requin est considérable et la conclusion de ces rapports est toujours positive. Le cartilage de requin peut être utilisé avec profit dans un grand nombre de maladies chroniques plus ou moins graves. Le cartilage de requin est utilisé dans le cancer, l'ostéo-arthrite, l'arthrite, l'arthrite rhumatoïde, le psoriasis, le lupus, l'eczéma, l'entérite. L'administration du cartilage de requin employée par voie orale donne généralement de meilleurs résultats.»...

«Le cartilage de requin a également montré une action antitoxique et anti-inflammatoire. Plus encore, outre ses propriétés angio-inhibitrices, le cartilage de requin a une action anti-inflammatoire. En effet, il s'oppose à la vascularisation anormale du cartilage des articulations, phénomène qui se retrouve souvent dans les cas avancés d'ostéo-arthrite et d'arthrite rhumatoïde.»...

«Selon les chercheurs, un des principaux facteurs anti-inflammatoires du cartilage de requin est un certain type de mucopolysaccharides qui sont les sulfates de chondroïtine A et D déjà utilisés par les praticiens de médecine holistique contre les phénomènes inflam-matoires.»...

«Il semble qu'il y ait un lien entre l'angiogénèse et l'ostéoarthrite. Le Docteur Robert A. Brown et Jacqueline B. Weiss rapportent dans les «Annales des maladies rhumatismales» que l'angiogénèse a un rôle à jouer dans la calcification du cartilage articulaire. Normalement le tissu cartilagineux n'est pas vascularisé. Le liquide synovial des patients souffrant d'ostéoarthrite contient une substance appelée ESAF (endothélial cell stimulating angiogenesis factor). La présence de cette substance semble responsable de la vascularisation et conséquemment de la dégénérescence du cartilage articulaire. L'administration de cartilage de requin inhibe l'angiogénèse au niveau des cartilages et permet de stopper sa dégénérescence et, en consé-quence, l'évolution de l'ostéoarthrite.»...

«Le cartilage de requin peut être utilisé avec succès dans un grand nombre de cas comme certains cancers, les maladies rhumatismales, l'arthrite inflammatoire, et tous les phénomènes inflammatoires plus ou moins graves. Le cartilage de requin ne présente pas de toxicité, cependant on le déconseille aux femmes enceintes, aux femmes qui allaitent, aux enfants et aux personnes qui ont fait un infarctus dans les 8 derniers mois.»

LE SULFATE DE GLUCOSAMINE

Le sulfate de glucosamine est un sucre aminé synthétisé par l'organisme à partir du glucose. Il est le point de départ de macromolécules importantes qui constituent plusieurs des tissus du corps dont les protéoglycanes, la substance fondamentale du cartilage des articulations. Il est aussi impliqué dans la synthèse des membranes muqueuses des voies digestive et respiratoire. En bref, le sulfate de glucosamine intervient dans la formation des ongles, des tendons, de la peau, des yeux, du liquide synovial, des os, des ligaments, des valvules cardiaques et dans la sécrétion muqueuse des voies digestive, respiratoire et urinaire. Il a un effet positif sur le traitement de plusieurs maladies: tout d'abord celles qui impliquent la détérioration de la synovie, les préjudices aux muscles, aux tissus et aux ligaments, l'inflammation des nerfs discaux et du nerf sciatique et l'inflammation articulaire associée au vieillissement.

Vaz, A.L. et coll., ont effectué une étude clinique en double aveugle sur l'efficacité de l'ibuprofen et le sulfate de glucosamine dans des cas d'ostéoarthrose du genou chez des patients en externe. «Contrairement aux médicaments anti-inflammatoires non stéroïdes, le sulfate de glucosamine s'attaque à plus que la douleur. Il va directement à la racine du problème en stimulant la production de tissus connectifs et en restaurant les articulations abîmées. Au Portugal, on entreprit une étude sur 48 patients souffrant d'arthrite dans un genou seulement. On les divisa en deux groupes: un groupe qui reçut 1,2 grammes d'ibuprofen par jour pendant huit semaines et l'autre groupe qui reçut 1,5 grammes de glucosamine. Les personnes traitées à l'ibuprofen éprouvèrent une baisse rapide de la douleur au cours des deux premières semaines mais une douleur accrue après la période des huit semaines. Le groupe ayant pris le glucosamine ne ressentit pas un soulagement aussi remarquable de la douleur des deux premières semaines, mais à la fin des huit semaines celle-ci était bien moindre que chez les personnes traitées à l'ibuprofen. »

Dans le Journal de Montréal du 5 mars 1997, Claire Harting cite le Dr. Alan Russel, spécialiste de la douleur dans un article intitulé: «Une substance naturelle pour aider les victimes d'arthrose»: «J'ai traité 350 patients avec le glucosamine au cours des deux dernières années et j'ai observé des résultats remarquables. Non seulement la douleur et l'inflammation ont disparu mais les articulations endommagées par l'arthrose se sont réparées dans bien des cas.»...«C'est là le traitement le plus prometteur qu'il ait jamais vu depuis longtemps.»

«Le plus beau, c'est que le glucosamine est une substance naturelle produite par le corps humain pour protéger le cartilage des os, des ligaments et le liquide synovial (huile légère qui circule dans les articulations pour leur permettre de bien bouger).»

LA CHONDROÏTINE-SULFATE

La chondroïtine-sulfate est un glycosaminoglycane important dans le cartilage. Elle est normalement produite par les cellules chondrocytes du cartilage et le tissu conjonctif. Selon les recherches du Dr. Morrison, la chondroïtine-sulfate, comme glycosaminoglycane, a des propriétés biologiques:

- elle stimule le métabolisme cellulaire,
- elle augmente la rapidité du métabolisme des acides gras,
- elle a un effet anti-inflammatoire,
- elle a une activité anti-thrombogénique,
- elle a une activité anticoagulante.

LES HUILES DE POISSON

Yves Ponroy: «les acides gras spécifiques polyinsaturés à longues chaînes, trouvés dans les espèces marines, sont largement responsables de l'effet bénéfique de la consommation de poisson:

cependant, l'activité d'autres composants ne doit pas être complètement éliminée.»...

«Les matières grasses concernées se différencient des huiles végétales communes polyinsaturées par la position de leur première double liaison. Dans les acides gras d'huile de poisson, cette double liaison se situe en 3° position du groupe méthyl terminal tandis que, dans les acides gras polyinsaturés d'origine végétale, la première double liaison se situe en position carbone 6.»...

«Cette distinction définit deux catégories d'acides gras: les acides gras d'origine marine en position Oméga 3 et les acides gras d'origine végétale en position Oméga 6.»...«Un enrichissement alimentaire en acides gras Oméga 3 diminue la réponse inflammatoire.»...

«L'acide arachidonique (AA) ne représente que quelques pour cent des lipides membranaires totaux présents dans les cellules. Cependant en présence d'agonistes comme le collagène ou au cours de lésions cellulaires, il est libéré de la membrane cellulaire et peut se trouver rapidement oxydé par une cascade de réactions enzymatiques, pour former des produits qui sont de puissants stimulants des réactions inflammatoires, athérogéniques et thrombotiques. Des données sur les effets biochimiques des acides gras Oméga 3 concernent dans la plupart des cas leurs effets sur le métabolisme de l'AA dans les membranes plaquettaires.»...

«L'EPA et, à un moindre degré, le DHA inhibent

de façon concurrente l'action de la cyclo-oxygénase sur l'AA, conduisant à une production réduite du facteur d'agrégation plaquettaire, le thromboxane A_2.»

«Récemment, des preuves ont été publiées montrant qu'une supplémentation en EPA diminue la libération d'AA et des métabolites résultant des leucotriènes, des monocytes et des neutrophiles.»

Selon G. Mc Veigh: «Les scientifiques ont découvert une preuve que les changements diététiques ont peut-être un impact sur la douleur et l'incapacité de l'arthrite rhumatoïde et de l'ostéoarthrite.»

Il cite le Dr. Joel Kremer M.D. qui, dans une étude, compare les résultats avec l'huile de poisson et l'huile d'olive chez les patients atteints d'arthrites rhumatoïdes. Après six mois, les signes de l'inflammation avaient beaucoup plus diminué chez les personnes qui ont pris les capsules d'huile de poisson. Une étude de London démontra également que le traitement à l'huile de poisson était d'un grand secours dans l'ostéoarthrite.

L'HUILE DE BOURRACHE

Selon le laboratoire Holistica: «l'huile de bourrache est d'une précieuse aide dans les fréquents cas de carence en acides gras essentiels chez les femmes mais aussi chez les hommes et les enfants, où l'organisme présente des failles dans le métabolisme des acides gras.»

«Ces super acides gras essentiels sont les précurseurs des prostaglandines, précieux régulateurs biologiques utilisés par tous les tissus du corps et qui font en définitive fonctionner tout l'organisme. Chaque fois que nous absorbons des corps gras, nous fabriquons d'une part les «bonnes prostaglandines» (PGE_1) générées par les «bons corps gras» (huile de première pression à froid: tournesol, olive, carthame, soja, bourrache...) riches en acides gras insaturés et d'autre part, des prostaglandines sinon «mauvaises» du moins plus nocives (PGE_2) provenant des «mauvais corps gras» qui contiennent beaucoup d'acides gras saturés (beurre, fromages, graisses animales, porc, boeuf...) »

«Tout le drame de nos sociétés industrialisées et de consommation réside dans le fait qu'il existe actuellement un déséquilibre PGE_1, PGE_2, les PGE_2 étant en excès du fait que nous mangeons beaucoup trop de viande et pas assez de végétaux. De plus, du fait de facteurs de stress, de diabète, de déficiences et carences diverses, de faiblesse hépatique, l'organisme parvient de moins en moins à fabriquer les PGE_1 indispensables à la défense cellulaire dès l'adolescence.»

«Les chercheurs ont démontré que l'AGL devient un «chaînon» souvent manquant après 35 ans, freinant ainsi le renouvellement cellulaire, la régulation hormonale et les mécanismes de défense.»

L'HUILE D'ONAGRE

Alan Donald: «Pour comprendre l'importance du rôle que joue l'huile d'onagre pour la santé, on doit connaître la nature de la relation qui existe entre les acides gras essentiels, tels que l'AGL et leurs métabolites, c'est-à-dire les prostaglandines (PG) de type 1, 2 et 3. Les PG sont des substances chimiques de courte vie, semblables aux hormones, qui régularisent les activités cellulaires isolées pour la première fois en 1930 dans la prostate de moutons, et elles sont présentes dans tous les organes, tissus et cellules du corps.»

«De tous les types de PG, la PGE_1 est celle qui a été le plus largement étudiée et qui apporte les plus grands bienfaits. Les PG de type 1 et 2 dérivent de l'acide linoléique (Oméga 6). Pour produire la PGE_1 (ou bonne prostaglandine), l'organisme convertit l'acide linoléique en AGL puis en acide dihomogammalinolénique (ADGL) et finalement en PGE_1. L'organisme obtient la PGE_2 (ou mauvaise prostaglandine) de l'acide arachidonique (AA) qui est également dérivé de l'ADGL. Plus l'organisme produit de «bonne» PGE_1, moins il produit de «mauvaise» PGE_2. Enfin, l'organisme élabore la PGE_3 à partir de l'acide eicosapentanéoïque (AEP). L'AEP peut être obtenu directement des huiles de poissons d'eau froide ou indirectement de la dégradation de l'acide alphalinolénique (Oméga 3). »

«Qu'est ce qui empêche la formation de l'AGL? Avec l'aide de cofacteurs nutritionnels - zinc, pyridoxine (vit. B_6), magnésium et vitamine C - des enzymes spécifiques contribuent à la dégradation des acides gras essentiels en PG. Par conséquent, les carences nutritionnelles ou les négligences alimentaires peuvent freiner ou même empêcher la formation des PG. La consommation excessive de graisses saturées, d'alcool, d'acides gras «trans» et d'huiles végétales transformées, notamment, peuvent nuire à ce processus.»

«Un bon nombre de maladies inflammatoires ou relatives au système immunitaire, notamment l'arthrite rhumatoïde, l'eczéma, les maladies inflammatoires des intestins et la sclérose en plaques, évoluent en fonction des fluctuations des taux de PG. Ces maladies ont deux choses en commun:

1) le fonctionnement inadéquat de certaines cellules lymphatiques (lymphocytes T-cytotoxiques ou cellules T),

2) une production excessive de PG de type 2. Les cellules T exercent un contrôle important sur les autres éléments du système immunitaire, s'assurant notamment qu'ils limitent leur attaque aux particules étrangères, sans s'en prendre aux tissus de l'organisme.»

Les avantages de l'huile d'onagre:

- soulage le syndrome prémenstruel,
- traite la fatigue post-virale,
- diminue le taux de cholestérol,
- régularise l'hypertension,
- empêche la formation de caillots sanguins,
- améliore la circulation sanguine,
- améliore la qualité de la peau avec eczéma,

- soulage les maux de l'inflammation associés à l'arthrite,
- réduit les effets toxiques de l'alcool,
- renforce le système immunitaire,
- réduit l'hyperactivité chez les enfants.

LES ANTIOXYDANTS

Les antioxydants sont utilisés dans le but d'inhiber la production de prostaglandines pro-inflammatoires. Celles-ci ont un effet suppresseur sur le système immunitaire et contribuent au dysfonctionnement du système immunitaire.

- **La superoxyde dismutase** (SOD) est une enzyme issue de la libération d'énergie qui provient de la pollinisation ou d'une réaction provenant de la fertilisation, dans une cuve d'incubation, des pistils de fleurs par du pollen fraîchement récolté. Il s'agit d'une enzyme reconnue pour son pouvoir d'augmenter la résistance générale. Elle agit notamment comme première ligne de défense contre l'oxydation des cellules. La SOD augmente la protection des cellules humaines contre les effets de la pollution industrielle, de la fumée, des produits chimiques de notre environnement, en fait tout ce qui fait augmenter les radicaux libres. Tous ces facteurs jouent un rôle important dans la destruction des cellules, puisque les radicaux libres attaquent les membranes cellulaires.

- **Les bioflavonoïdes** constituent le groupe de polyphénols le plus connu. Les bioflavonoïdes ont un sous-groupe appelé les leucoanthocyanidols (ou proanthocyanidols), très chargés en principes actifs. Ils ont des propriétés antioxydantes et antimutagènes. Les anthocyanidols ont des effets anti-inflammatoires, cardioprotecteurs, antimicrobiens, immuno-stimulants et anti-radicalaires (anti-radicaux libres).

L'extrait de pépin de raisin contient 95% de leucoanthocyanidols.

Le pycnogénol en contient 85%.

Ces produits ne provoquent aucun effet secondaire important.

Pour s'opposer aux ions superoxyde, on préfère des produits végétaux, généralement de structure anthocya-nosidique ou flavonoïque qui captent les radicaux libres et les détruisent. Ils sont connus de longue date de façon empirique pour leur activité anti-inflammatoire.

- **La vitamine C** stimule le système immunitaire, augmente la production des lymphocytes et participe à la synthèse des anticorps. Elle joue un rôle important dans la fabrication des corticostéroïdes. Elle est efficace contre le radical superoxyde. Il est à noter que la vitamine C devrait être accompagnée de bioflavonoïdes..

- **La vitamine E** (nom générique réservé à tout dérivé du tocophérol) protège les vitamines A, D et C dans l'organisme. Il a été démontré que ces dernières étaient protégées contre une trop grande oxydation lorsque la vitamine E se trouvait présente dans le tube digestif. Elle favorise le stockage de la vitamine A dans le foie, elle est indispensable dans le traitement des maladies cardiaques et des vaisseaux sanguins et elle aide à restaurer les fonctions du foie endommagé. Elle augmente le taux d'oxygène dans le sang, accroît l'action de l'insuline chez les diabétiques, atténue nombre de troubles reliés à la menstruation et à la ménopause.

Laborit: « Mais l'antioxydant physiologique qu'est la vitamine E ($\propto$-tocophérol) peut aussi moduler la lipoxygénation de l'AA et la synthèse des LT (leucotriènes). La concentration plasmatique physiologique (faible quantité) de vitamine E augmente la lipoxygénation de l'AA, alors que des concentrations plus élevées exercent un effet suppressif en rapport avec ses propriétés de piégeur d'hydroperoxydes (Goetzl, 1980).»

Chapitre XIV

TÉMOIGNAGES ET
RÉSULTATS CLINIQUES

«La nouveauté paraît toujours folle et
d'autant plus folle que son importance
est plus grande.»

Jacques Barzun

Ce chapitre est consacré aux témoignages de
personnes ayant vécu une expérience unique de
retour à la santé grâce à la thérapie glandulaire. Ces
témoignages prouvent qu'il ne s'agit pas de
rémissions. À travers la compréhension de leur
maladie et de leur thérapie, ces personnes ont été
amenées à suivre adéquatement les recommandations proposées. Et, grâce à leur persévérance, elles
ont repris le chemin vers la santé. Notre santé est
d'abord entre nos mains.

1er CAS: POLYARTHRITE RHUMATOÏDE

«J'ai écrit ce témoignage dans le but d'aider tous
ceux qui souffrent de polyarthrite rhumatoïde.

Mon histoire remonte à l'an passé. J'étais allée
voir un «ramancheur», car j'avais des douleurs au

dos et à la main droite. Mais tout de suite après le traitement, celle-ci s'est mise à enfler. J'ai donc communiqué avec lui, et il m'a dit que c'était normal, que je devais mettre de la glace. J'ai donc suivi son conseil, mais sans résultat, bien au contraire.

C'est alors que je suis allée à l'hôpital pour passer une radiographie. Je n'avais rien de déplacé; mais comme ils avaient vu des égratignures sur ma main, causées par mon chat, ils ont supposé que je faisais une cellulite de chat. Donc, ils m'ont prescrit des antibiotiques.

Lorsque j'y suis retournée le lendemain, ils ont décidé de me garder, pour pouvoir me les donner par intraveineuses.

Après deux semaines d'hospitalisation, voyant que mes mains étaient encore enflées, ils m'ont fait voir un rhumatologue. C'est là qu'ils se sont rendus compte que je souffrais d'arthrite. Mais je devais quand même rester deux semaines car mon traitement (antibiotiques) durait un mois. Donc les deux dernières semaines je prenais des anti-inflammatoires en plus de mes antibiotiques.

Quand je suis sortie de l'hôpital, j'avais de la difficulté à marcher car j'avais le pied droit enflé. J'avais des anti-inflammatoires à prendre chez moi. Mais, connaissant les effets secondaires de ceux-ci, j'ai préféré consulter M. Labelle. Une semaine plus tard, j'étais enfin à son bureau. J'avais déjà lu dans le passé son livre sur l'arthrite. Donc, pour moi, il était la seule bouée de sauvetage qui me restait.

Il m'a bien fait comprendre que ma santé m'appartenait et ne dépendait que de moi. Et que ma façon de penser, d'interpréter les événements, ce que je mange, les heures de repos, les loisirs, mon travail, etc., toutes ces choses influençaient ma santé. Tout est relié. La vraie cause de mon état était un débalancement hormonal qui provoquait l'hypogly-cémie.

J'ai donc suivi, autant que possible, ses recommandations à la lettre, soit d'éviter le sucre et les aliments causant l'acidité.

Aujourd'hui, soit un an après ma première consultation, je me sens en pleine forme; je ne suis plus toujours fatiguée, même si mon travail est exigeant physiquement (préposée aux malades dans un centre d'accueil pour personnes âgées) et que je travaille le soir.

J'ai recommencé à travailler deux mois après ma sortie de l'hôpital. Et cela va faire un an le trois mars.

Pour moi, c'est une seconde vie, je ne me suis jamais sentie aussi bien. J'espère de tout coeur que mon témoignage vous ait apporté une lueur d'espoir à vous tous qui souffrez.

Bon courage! »

Mme P.B.

2e CAS: SPONDYLITE ANKYLOSANTE

«J'ai 38 ans et j'ai reçu le diagnostic de spondylite ankylosante. J'étais condamnée à prendre 8 à 10 pilules par jour qui me permettaient de faire mon quotidien plus facilement, même si avec mes pilules mes douleurs étaient présentes mais supportables. Je me disais: «que sera ma vie à 50 ans?». Même si je n'étais pas une grande sportive, je faisais certaines activités comme le ski de fond, la bicyclette, le tennis, le canotage et la randonnée pédestre. Me voir ainsi clouée sur une chaise à faire de la lecture et seulement le nécessaire comme quotidien, je passais mes journées enragée. Quelle belle vie!

Un jour, par hasard, en passant devant une petite boutique de livres, j'ai vu un livre intitulé «L'arthrite: une souffrance inutile?». Ah oui? Voyons ce que ce monsieur peut raconter. À chaque page de ce livre, j'ai découvert qu'on peut améliorer notre condition. Je me suis sensibilisée au niveau de l'alimentation. D'ailleurs, je mangeais tout ce qu'il ne fallait pas. J'étais prête à faire un grand changement pour améliorer ma condition de vie.

Après seulement ma deuxième rencontre avec M. Labelle, son organothérapie et le changement pour une alimentation plus naturelle, je me sentais renaître, ma bonne humeur était revenue. Quel bonheur de pouvoir vivre un quotidien sans douleur! Marcher vite sans difficultés, être en forme et surtout pouvoir faire les mêmes activités qu'avant, et en plus je fais de la technique Nadeau tous les matins et je suis des cours de natation.

Aujourd'hui, après seulement six mois d'organothérapie, j'ai une amélioration de 80%, ce qui est énorme. Il faut être discipliné et déterminé, les résultats sont là, ce qui encourage à continuer. Deux mois après ma première visite, j'ai abandonné tous les médicaments pour suivre les bons conseils de M. Labelle et de son assistante, qui sont responsables pour ma nouvelle vie. Je leur dis un gros merci avec toute mon admiration pour leur travail.»

Mme R.B.

3e CAS: ARTHRITE RHUMATOÏDE

«J'ai connu M. Labelle par la lecture de son livre «L'arthrite, une souffrance inutile.»

En janvier 1995, j'ai rencontré M. Labelle afin de commencer un traitement pour contrer l'arthrite rhumatoïde. À ce moment j'ai bien compris que je souffrais d'un débalancement organique, somme toute des organes qui fonctionnaient à outrance comme de nombreux soldats et d'autres organes qui étaient bien paresseux. Au tout début, j'étais sceptique mais je désirais avancer dans mon cheminement pour retrouver ma santé.

Alors, fidèlement, j'ai pris les suppléments qui nourrissent les glandes afin de retrouver l'équilibre entre elles, tout en respectant une saine alimentation.

Je sais que le cheminement requis peut être long, mais comparé à l'implantation de cette maladie, le temps est relativement court.

Tout au long de cette année, les résultats ont été positifs, même s'il y a eu quelques reculs momentanés, car la recherche de l'équilibre n'est pas toujours évidente, et le traitement doit s'ajuster à chaque personne.

De plus en plus, je m'adonne au bricolage; des gestes qui m'étaient interdits par mon état (par exemple, me servir d'un marteau ou scier) me reviennent. Je l'apprécie énormément, c'est une découverte à chaque jour. Ma démarche s'améliore de plus en plus, j'adopte une attitude positive une heure à la fois et je fais confiance à mes forces intérieures qui me permettent de retrouver mon courage et ma détermination.

Merci M. Labelle, vous vous êtes retrouvé sur ma route et ce n'est pas un hasard. »

Mr. A.B.

4e CAS: ARTHRITE RUMATHOÏDE

«À la fin de 1975, on m'a diagnostiqué l'arthrite rhumatoïde, après une année de graves souffrances. «Fauteuil roulant dans les mois qui suivent», m'a-t-on dit. Les effets secondaires des médicaments trop forts se faisaient sentir et n'amélioraient pas la situation. Je me suis alors tournée vers la médecine douce, la naturopathie. Une annonce dans un journal me fit lire sur le sujet, soit: l'arthrite vécue et contrôlée par le naturopathe lui-même, M. Labelle. De là les consultations que j'ai eues avec lui, et aussi la grande satisfaction après une année de bons suivis. Je visite régulièrement mon médecin, qui constate en ces mots fort encourageants: «Vous êtes une des rares personnes, me dit-il, pour qui la maladie se porte bien. Vous montrez tous les signes d'une maladie en régression. Avec les bons soins que l'on vous a prodiguée, et en continuant ainsi, vous devriez être en mesure d'en être ainsi jusqu'à la fin de vos jours.»

Mme L.G.

5ᵉ CAS: ARTHRITE RHUMATOÏDE

«Toute ma gratitude au naturopathe Yvan Labelle pour ma guérison. En 1986, j'ai été pratiquement terrassée par des douleurs d'arthrite rhumatoïde qui envahissaient tout mon corps.

Après cinq semaines d'hospitalisation et de soins intensifs suivis d'une longue convalescence au cours de laquelle j'ai consommé des médicaments, entre autres de la cortisone durant trois ans, mon état de santé s'était très peu amélioré.

Suite à l'insistance de mon fils Steve et de mon entourage, également à la suite de la lecture du livre de M. Labelle «L'arthrite, une souffrance inutile?», je me suis finalement décidée à le consulter.

M. Labelle m'a parlé du «mal du siècle» et m'a appris à penser à moi. J'ai écouté et suivi ses conseils et recommandations. J'ai persévéré à me soigner avec des produits naturels (médecine douce).

Aujourd'hui mon état de santé est excellent.

Merci M. Labelle et félicitations pour l'aide que vous apportez à de nombreuses personnes.»

Mme M.L.

6e CAS: ARTHRITE RHUMATOÏDE

«J'avais 19 ans quand tout a commencé. C'était en juillet 1988. Je me suis levée une journée et mon index gauche ne pliait plus complètement. Ensuite ce fut au tour du majeur, de l'annulaire et de l'auriculaire. Peu de temps après (cinq ou six jours), ce fut au tour des doigts de la main droite. Je ne pouvais plus ni ouvrir ni fermer complètement mes mains. J'ai tout d'abord cru que c'était dû à mon emploi d'été. Je travaillais alors pour la STCUM, où je faisais le ménage des trains. C'était très chaud et humide, je devais utiliser des vadrouilles très lourdes et je forçais beaucoup avec mes mains.

À la fin de cet été-là, toutes les artriculations de mon corps, à l'exception de la colonne vertébrale et de mon cou, étaient endolories. J'avais de la difficulté à marcher puisque mes orteils ne pliaient plus, et d'ailleurs, aucune paire de souliers ne me faisaient encore puisque mes pieds étaient trop enflés.

Chaque matin je devais faire des exercices avec mes bras afin d'être capable de les lever. Je ne pouvais rester assise longtemps puisque mes hanches et mes genoux me faisaient mal et carquaient. Bref, j'avais l'impression d'avoir vieilli de 50 ans en un mois et demi.

Quand l'école a recommencé, je me suis enfin décidée à consulter un médecin puisque mon mal ne disparaissait pas mais empirait de jour en jour. J'ai alors décidé de consulter un médecin, mais n'étant pas satisfaite du diagnostic qu'il a fait, j'en ai consulté plusieurs autres afin de comparer leurs réponses. C'était absurde. Ils m'ont tous dit, sauf une, que ce n'était rien de grave, et de prendre de l'aspirine pour ensuite retourner les voir dix jours plus tard. La femme médecin qui ne m'a pas dit de prendre de l'aspirine m'a tout simplement avoué que mon problème était un mystère pour elle, et elle m'a referée à un rhumatologue. Son diagnostic fut rapide après la prise de sang: arthrite rhumatoïde. J'ai alors commencé à prendre des anti-inflammatoires, sans résultats convaincants.

Comme à ce moment je venais juste de me trouver un emploi dans une bibliothèque, j'avais un accès facile aux volumes traitant de la santé et c'est ainsi que j'ai vu le livre de M. Labelle. C'est ainsi que j'ai voulu essayer cette nouvelle médecine puisque la médecine traditionnelle ne pouvait rien pour moi.

J'ai regardé l'adresse de M. Labelle dans le bottin téléphonique pour réaliser que sa clinique était à deux pas de chez moi. J''ai tout de suite pris un rendez-vous. C'était au début de janvier 1989.

J'ai trouvé bizarre cette approche de la maladie par un changement de nourriture et la prise de suppléments, mais je voulais vraiment tout essayer afin de redevenir comme j'étais avant.

J'ai dû changer complètement mon alimentation. J'ai trouvé cela très pénible puisque je vis chez mes parents et nous prenons nos repas en même temps. Moi, je suis au régime mais eux ne le sont pas. Je me suis toutefois bien prise en main et j'ai respecté mon régime à la lettre. Au bout d'un mois, mes mains faisaient moins mal et ouvraient un peu plus. Mes hanches et mes genoux faisaient moins mal et mes pieds avaient désenflé. Au mois d'août 1989, je me sentais en pleine forme, et j'ai pu aller en vacances aux États-Unis pour escalader le mont Washington, et cela sans aucune douleur articulaire!

Il suffit d'un peu d'orgueil et de beaucoup de volonté pour changer ainsi son alimentation, mais quand on sait tout le bien que cela nous apporte, on finit rapidement par être convaincu et à y prendre goût! »

Isabelle.

7ᵉ CAS: ARTHRITE RHUMATOÏDE PSORIASIQUE

«Je suis une femme de 65 ans qui s'est présenté au bureau du naturopathe Yvan Labelle pour de l'arthrite rhumatoïde psoriasique généralisée. Depuis 9 mois j'étais très émotive, très anxieuse, ma vie n'était pas facile.

À l'âge de 19 ans, j'ai été opérée pour une fistule au coccyx. À 39 ans, j'ai eu le cancer de l'utérus et j'ai dû subir un traitement de radiothérapie.

J'ai le psoriasis, j'ai également plusieurs phlébites à la jambe droite.

À cause de mon arthrite rhumatoïde, j'avais beaucoup de douleurs et j'avais beaucoup, beaucoup de difficulté à marcher, donc pas d'activités. Mon mari m'aidait à m'habiller. Mes douleurs m'épuisaient. Ma tension artérielle avait tendance à monter, je prenais alors un médicament.

Maintenant, cela fait 9 mois que monsieur Labelle me traite pour les glandes avec sa thérapie glandulaire et cette thérapie me donne des résultats de plus de 95% d'amélioration, car les bosses à mes doigts sont disparues et je suis moins nerveuse. Je peux danser maintenant, je n'ai presque plus de douleurs. Le psoriasis s'est également amélioré et a presque disparu. Je suis contente des résultats obtenus, car je vis bien maintenant.»

Mme R.R.

8ᵉ CAS: ÉPICONDYLITE

«À une période de ma vie, j'avais alors 38 ans, je fus subitement sujet aux inflammations musculaires. Il faut dire qu'à mon travail il est dangereux de se blesser, et lors d'une mauvaise manoeuvre de ma part, je me suis frappé le coude sur le cadre d'une porte. Est venue une douloureuse sensation de brûlure, puis l'inflammation. Le temps passait et je souffrais de plus en plus au moindre mouvement du coude, des bras ou de la main, je trouvais cela des plus agaçants. Mon médecin me fit rencontrer un orthopédiatre qui me fit porter une orthèse rigide afin de protéger le muscle du coude car je souffrais d'épicondylite.

Le tout ne s'améliorait guère et mes nuits étaient perturbées, il fallait donc faire quelque chose. Je reçus de la cortisone en injection dans le coude et je fis de la physiothérapie à tous les jours, mais rien ne s'améliorait. En tout cas finie la cortisone car cela m'a provoqué des palpitations cardiaques et je ne tolère pas les anti-inflammatoires. Cela dura plusieurs mois. Je rencontrai plus d'un médecin et orthopédiste; mon cas devenait désespéré.

Comme le hasard n'existe pas, le naturopathe Yvan Labelle était de passage en Abitibi, et je lui ai parlé de mon cas. Suite à la thérapie glandulaire, un mois plus tard (de juin à juillet 1989), toutes traces d'inflammation s'étaient résorbées, ce qui fut une victoire incontestable.

Permettez-moi maintenant de vous témoigner d'une expérience qui m'est survenue deux ans plus tard et qui prouve davantage l'efficacité du traitement de Yvan Labelle n.d.

Au travail encore une fois, je me suis blessé au poignet gauche mais cette fois la blessure fut plus grave, tellement que l'orthopédiste me fit porter un plâtre durant deux mois, le temps que la déchirure se répare. Le fait de rester immobile me fit presque paralyser la main. J'entrepris des traitements de physiothérapie à tous les jours, ce qui calma momentanément la douleur qui était devenue insupportable. Quelques mois plus tard, devant la non-amélioration, je rendis visite à un orthopédiste reconnu pouir avoir une bonne réputation. Il constata l'aggravation, la détérioration du tendon qui était en train de se sectionner. Il me dit qu'il se voyait contraint d'opérer, mais je ne voulais aucunement subir cette chirurugie. Je lui ai donc demandé un mois de sursis pour me laisser la chance de mieux guérir après quoi un choix définitif se ferait. Dès le lendemain matin, suite aux conseils insistants de ma compagne, je repris le traitement qui fut si efficace pour une inflammation au coude.

Après une semaine je sentis une amélioration très marquée, la douleur presque inexistante et une meilleure mobilité. Par la suite, à mon grand étonnement, car pour un tendon aussi abîmé qui dépassait le stade de l'inflammation, au bout de 30 jours, croyez-le ou non, la guérison était à peu près totale.

À la visite médicale, mon orthopédiste s'exprima avec étonnement face à ce rétablissement aussi rapide et marqué, cela relevait de l'inexplicable; mais moi je connaissais la réponse. J'ai continué le traitement deux semaines de plus, afin d'être bien assuré d'une guérison totale. Cela fait maintenant six ans et je n'ai plus jamais eu de nouvelles inflammations. Pourtant, mon travail et les risques de blessure sont toujours présents, à vrai dire je me sens regénéré à ce niveau.

Une chose est certaine, je n'attendrai plus aussi longtemps pour suivre les traitements de M. Labelle.

Merci.»

M. A.M.

9e CAS: PÉRICARDITE SÈCHE

Je vous présente le cas de Mme C.R., elle a 42 ans. Sa première visite fut le 12/12/95. Elle a été opérée pour les amygdales et a déjà fait une fausse-couche. Par le passé, elle a souffert d'eczéma, d'asthme, d'allergies (pollen, gazon, chat, plumes). Étant plus jeune, elle a eu beaucoup de problèmes digestifs et deux infections de la vessie.

Quand elle vint me voir, elle prenait les médicaments suivants: Monopril (coeur) depuis un an et novacimétine (ulcère d'estomac).

À l'époque, ses problèmes étaient: cardiomyopathie, péricardite sèche qui revenait: serrements dans le cou et point dans le dos, ulcère d'estomac, kyste sur un ovaire, elle était très nerveuse, sa pression fluctuait un peu. De plus, elle perdait ses cheveux et engraissait facilement. Ses habitudes alimentaires: aime beaucoup le sucre, le lait, les agrumes, la viande rouge. Je lui ai suggéré de diminuer ou d'arrêter ces aliments.

À sa deuxième visite, le 13/01/96, la péricardite s'était beaucoup améliorée et l'ulcère d'estomac aussi. La digestion s'est replacée depuis qu'elle a diminué le sucre.

À sa troisième visite, le 5/03/96: elle n'avait plus les symptômes de la péricardite ni de l'ulcère de l'estomac. Son énergie était bonne.

À sa quatrième visite, le 30/07/96: très très grande amélioration, elle a constaté que le lait avait provoqué les troubles de la péricardite. Maintenant elle vit bien le stress, l'énergie est très bonne, elle n'a plus du tout de symptômes de l'ulcère. Elle a encore un peu d'élancements au coeur.

Une péricardite est une inflammation du péricarde. Dans le cas de madame, une péricardite sèche indique qu'il n'y a pas d'accumulation de liquide péricardique.

Voici la définition du péricarde sec selon Tortora: «Le coeur est entouré et maintenu en place par le péricarde, une structure conçue pour confiner le coeur dans sa position dans le médiastin en lui laissant assez de liberté de mouvement pour qu'il puisse se contracter vigoureusement et rapidement lorsque c'est nécessaire. Le péricarde comprend deux parties: le péricarde fibreux, externe, est fait de tissu conjonctif fibreux très dense. Il ressemble à un sac posé sur le diaphragme, son extrémité ouverte reliée aux tissus conjonctifs des gros vaisseaux qui pénètrent dans le coeur et en sortent. Le péricarde fibreux prévient la surdistension du coeur, constitue une membrane protectrice résistante autour de cet organe, et le maintient en place dans le médiastin. Le péricarde séreux, interne, est une membrane plus mince et plus délicate, qui forme une double couche entourant le coeur.»

D'après la conversation que j'ai eue avec la dame le 30/07/96, elle avait fait aux Fêtes une crise de péricardite avec beaucoup de douleurs suite à un excès de sucre et de chocs. Elle avait alors augmenté certains suppléments, pour constater une diminution croissante de ses douleurs au coeur. Après une semaine, elle ne ressentait plus aucune douleur.

Lors de l'inflammation, les parois des capillaires

se laissent facilement traverser par les leucocytes et les macrophages pour contribuer à détruire les intrus (virus, bactéries). C'est pour cette raison que dans le cas de la polyarthrite rhumatoïde, les chercheurs accusent les virus ou les bactéries de causer l'inflammation. Mais le hic dans cette histoire, c'est qu'ils n'ont jamais pu retracer de virus ou de bactéries, pour la simple et bonne raison que ce n'est pas du tout la cause des maladies inflammatoires. Il faut évidemment bien comprendre ce qui se passe à ce niveau: c'est comme si le corps subissait une attaque en règle par des virus ou des bactéries. Si c'était le cas, le corps se défendrait en déployant la cascade de l'AA pour détruire ces petits éléments dangereux. Mais ces petits éléments ne sont pas nécessairement présents aux endroits enflammés. Que se passe-t-il donc?

Il y a une réaction d'auto-immunité: destruction de l'organisme par ses propres éléments.

Mais alors pourquoi?

Le rôle de l'hormone de croissance est de permettre à un jeune organisme d'augmenter sa croissance. Une fois cette dernière achevée, l'adulte n'a besoin que d'une très petite quantité d'hormone de croissance afin de détruire les déchets pendant la nuit, puisque cette hormone est une hormone pro-inflammatoire. Elle détruit les déchets ramassés pendant la journée et stockés dans les tissus conjonctifs. L'hormone de croissance est aidée dans son action par l'hormone DOC.

L'hormone de croissance peut faire augmenter la vitesse des réactions cellulaires des différents systèmes de l'organisme. Elle fait augmenter l'inflammation en place (comme le mentionne si bien H. Selye) ou bien elle déclenche carrément l'inflammation, par le biais de la cascade de l'acide arachidonique.

Les recherches d'Henri Laborit décrites dans son livre «L'Inhibition de l'action » m'ont été d'un grand secours pour la compréhension de la cascade de l'AA. Dans son chapitre sur la cascade de l'acide arachidonique, il mentionne clairement les différents systèmes où la fameuse cascade agit: «La cascade de l'acide arachidonique et la physiopathologie:
- la cascade de l'AA et l'inflammation,
- la cascade de l'AA et l'allergie,
- la cascade de l'AA et l'immunité,
- la cascade de l'AA et le métabolisme purinique,
- la cascade de l'AA et le cerveau,
- la cascade de l'AA et le coeur et les vaisseaux.»

Pour Laborit, l'inhibition de l'action conduit tout droit à la sortie de la cascade de l'acide arachidonique et de ses éléments pro-inflammatoires. La cascade peut se déclencher dans n'importe quelle cellule, dans n'importe lequel des systèmes, à condition toutefois que les cellules du système le plus faible ne soient plus capables de résister; c'est alors qu'une maladie se déclenche.

Nous constatons souvent qu'avant l'apparition de lque maladie présente, les personnes avaient été malade durant leur enfance. Dans le cas qui nous concerne, la dame avait fait de l'asthme, qui est relié à la cascade de l'AA et de l'allergie, également reliée à la cascade de l'AA. Il n'est donc pas du tout surprenant, hélas, de constater une évolution logique de ces maladies vers la péricardite, maladie de l'acide arachidonique.

La «thérapie glandulaire» a permis une forte amélioration de sont état de santé face à sa péricardite. Il en va de même pour les arthrites rhumatoïdes, les maladies inflammatoires ainsi que d'autres maladies.

Il ne fait plus aucun doute que l'augmentation de l'hormone de croissance dans le sang active les réactions des membranes cellulaires des systèmes les plus faibles de l'organisme et la cascade de l'AA ne tarde pas à se manifester.

Dans notre étude de cas, la péricardite sèche a été déclenchée par la cascade de l'AA, laquelle cascade a été déclenchée par l'hormone de croissance. Le coeur ou certaines de ses cellules trop faibles ont été incapables de résister aux assauts de l'hormone de croissance, d'où l'apparition de la maladie sous la forme d'une inflammation. Nous rejoignons les propos de Henri Laborit, à savoir que la cascade de l'AA serait responsable de la péricardite. C'est «l'inhibition de l'action » et/ou le «dysfonctionnement glandulaire» qui en serait la cause.

Voici le témoignage de cette dame:

«Voici mon message à ceux qui, comme moi, ont été ou sont encore désespérés. Ayant été diagnostiquée en 1990 aux prises avec une cardiomyopathie du coeur, je m'étais faite à l'idée que je ne vivrais probablement pas bien âgée. Mais cela dit, il y a deux ans en fait, au mois de janvier 1994, j'avais à l'occasion le coeur qui grossissait tellement que j'avais de la difficulté à dormir sur le dos avec les bras de chaque côté, il me fallait dormir sur une pile de gros oreillers en position assise et les bras comme le Christ sur la croix; moi, ma croix, c'était le lit. Et sans trop bien dormir, c'est certain. J'avais les poumons qui gonflaient à chaque respiration, qui allaient écraser le coeur, j'avais des douleurs assez fortes, et debout maintenant, c'était encore pire, impossible de se pencher devant, le coeur était aussi lourd qu'une pierre dans le thorax.

Je suis allée consulter à l'hôpital en janvier 94, le médecin m'a dit que c'était la cardiomyopathie qui empirait. Oh la la! Quel ne fut pas mon désespoir! J'avais peur d'avoir besoin d'une greffe. Donc commencèrent les visites plus fréquentes chez le cardiologue, et les médicaments pour ralentir le coeur (Vasotec), qui ne me faisaient pas du tout; j'ai donc changé deux fois, sans trop de succès d'ailleurs, ces médicaments me rendaient plus malade que mieux. J'ai tout coupé de mon gré, en essayant de me ménager le plus possible, sans trop de succès. Le 17 janvier 95, le retour à l'hôpital fut très abrupt.

Grosses douleurs dans la poitrine, toujours en position assise, difficultés à respirer, des points, des douleurs jusqu'à dans le dos, je croyais mourir. Des examens, radiographies, prises de sang, échos du coeur, pour me faire dire que j'avais une péricardite depuis janvier 94, c'était justement la même péricardite que lorsque j'étais allée à l'hôpital. J'étais assez frustrée de savoir que j'avais été mal diagnostiquée en avril 94. Alors on commença par me donner trois Indocid (un anti-inflammatoire) par jour, un Monopril par jour pour ralentir les battements de coeur (car je ne faisais pas de pression, elle était très belle); et du Entrophen, je crois que c'étaient les 900 mg 2 à 3 fois par jour, pour éclaircir le sang et pour ne pas faire forcer le coeur. Les jours passaient et tout allait un peu mieux mais quand on voulait couper ces médicaments, la péricardite revenait toujours. De juin jusqu'en août, j'ai toujours pris du Monopril, un par jour et Indocid + Lasix (diurétique), un par jour, mais entre-temps je suis retournée deux autres fois à l'hôpital en urgence.»

«Au mois de septembre commencèrent certains problèmes avec l'estomac: mauvaise digestion, vomis-sements, brûlures à l'estomac. J'en ai bu des bouteilles de gel d'aloès, ça faisait du bien mais on aurait dit que ce n'était pas assez pour vraiment guérir. Rendue à la fin du mois de novembre 95, je croyais que c'était mon dernier Noël, je voulais que décembre 95 soit un des plus beaux, étant certaine que c'était le dernier. Mais ma santé allait toujours de pire en pire, maux d'estomac, péricardite qui revenait. J'ai fait faire des examens à l'estomac, je pensais qu'à la longue ça pourrait être un cancer, mais non, c'était un petit ulcère qui me faisait souffrir autant.»

«Ma mère appela chez Verdon, Labelle très désespérée, elle avait peur de perdre sa grande fille de 42 ans. Chère Maman. J'ai eu un rendez-vous le 12 décembre 95, j'y suis allée, j'ai vu M. Yvan Labelle qui m'a dit quoi prendre et comment le prendre; lui avait l'air très sûr de lui, moi j'étais un peu perplexe, si depuis tant de temps, en prenant tant de médicaments je n'avais rien eu de mieux et plus durable, comment lui ferait-il? À ma grande surprise, à Noël 1995 j'ai même dansé, ça allait tellement meiux que j'aurais pu faire le Père Noël!»

«Ma mère n'arrêtait pas de me dire d'arrêter, demain tu vas tomber, modère-toi! J'ai réveillonné jusqu'aux petites heures du matin, j'ai fait le ménage le lendemain, un peu lasse oui mais sans douleurs et combien depuis ce temps toujours en meilleure forme. »

«Si comme moi vous vous pensez finie, rongée par la maladie, donnez-vous encore cette chance et allez voir l'équipe Verdon-Labelle, ils ont pour vous une solution et surtout donnez-vous le temps de guérir. Moi en juillet 1996 je suis retournée voir M. Labelle, il est certain que maintenant les visites sont plus espacées, mais je suis toujours plus guérie d'une fois à l'autre. Il ne me reste plus rien à part le mauvais souvenir de cette péricardite mal soignée. Les médecins font de leur mieux, oui, mais on a le droit de les aider à mieux nous aider à guérir.

Un gros merci à Yvan Labelle.»

Mme C.R.

RÉSULTATS CLINIQUES

Examinons à présent les résultats cliniques que j'ai obtenus avec l'application de la thérapie glandulaire de 1989 à 1996.

Il est important de mentionner que les résultats de la thérapie peuvent varier selon l'âge de la personne, la gravité de la maladie... et, bien sûr, d'autres facteurs tels son état psychologique, son alimentation avant le début de la thérapie et sa «constance» à prendre les suppléments suggérés. Pour arriver à des résultats satisfaisants, il ne faut pas oublier que le respect strict de la durée du temps nécessaire à la thérapie est capital.

La durée moyenne du traitement indique le nombre de mois durant lesquelles les personnes ont suivi la thérapie.

Explication des résultats:
- Amélioration partielle de l'état de santé (0-25% d'amélioration)
- Bonne amélioration de l'état de santé (26-50%)
- Excellente amélioration de l'état de santé (51-75%)

- Disparition partielle ou totale de la maladie (76-100%)

Toutes les personnes traitées ont dit avoir ressenti les effets positifs de la thérapie glandulaire.

SCHÉMA DES RÉSULTATS CLINIQUES

Nom de la maladie	Nbre de cas	Durée (mois)	Amélioration en %			
			0-25%	26-50%	51-75%	76-100%
Arthrite rhumatoïde	83	13	16	30	26	11
Arthrite inflammatoire	54	11	6	16	22	10
Arthrose et inflammation	32	15	3	11	11	7
Polyarthrite rhumatoïde	19	14	1	6	7	5
Fibromyalgie	17	16	3	8	3	3
Spondylite ankylosante	13	11	1	4	6	2
Douleur musculaire avec inflammtion	12	8	-	3	9	-
Rhumatisme inflammatoire	7	11	1	3	3	-
Arthrite rhumatoïde psoriasique	6	11	1	1	2	2

SCHÉMA DES RÉSULTATS CLINIQUES (SUITE)

Nom de la maladie	Nbre de cas	Durée (mois)	Amélioration en %			
			0-25%	26-50%	51-75%	76-100%
Colite ulcéreuse	5	13	-	2	-	3
Lupus	4	8	2	1	-	1
Épicondylite	5	6	1	2	-	2
Maladie de Crohn	3	5	-	3	-	-
Ostéoporose	2	4	1	1	-	-
Rectite ulcéreuse	1	3	-	-	1	-
Sclérose en plaque	1	14	-	-	-	1
Péricardite sèche	1	6	-	-	-	1
Total des cas	265		36	91	90	48

Je vous présente maintenant les résultats de deux naturopathes travaillant avec moi: Mme Louise Roy, n.d. et M. Mario Chaput, n.d.

Les 30 cas de M. Chaput présentaient un ensemble de neuf maladies traitées avec succès (76 à 100% d'amélioration), grâce à l'approche glandulaire, et ce sur une période de 12 mois.

Arthrites rhumatoïdes et inflammatoires:	16
Dermatites:	4
Psoriasis:	2
Prostatite:	1
Maladie de Crohn:	1
Colite ulcéreuse:	1
Varices, phlébites:	2
Asthme:	2
Hypertension:	1

Mme Louise Roy, n.d., est spécialisée dans les soins aux bébés, aux enfants et aux femmes enceintes, ce qui ne nécessite pas forcément la thérapie glandulaire, cependant certaines personnes ont eu besoin de cette approche thérapeutique. Les résultats obtenus pour celles-ci varient entre 51 et 100% d'amélioration, pour les problèmes suivants: hypoglycémie réactionnelle, haute pression, acné kystique, asthme, hypertension, côlon irritable, articulations douloureuses, anémie, hypoglycémie non contrôlée, ménopause, chaleurs, kyste sur un ovaire, digestion difficile, reflux gastrique, règles irrégulières, inflammation de la peau, sclérose en plaques.

CONCLUSION

«Étudiez, réfléchissez, observez, comparez, déduisez, vérifiez. Quand une hypothèse est avancée, elle doit toujours être, le plus tôt possible et le plus souvent possible, soumise à la vérification. Si elle ne supporte pas cette épreuve, on doit l'abandonner sans arrière-pensée.»

Henri Poincaré

À l'origine le stress était quelque chose de tout à fait naturel, il permettait à l'organisme de mobiliser en quelques secondes toutes ses réserves d'énergie pour fournir un surplus d'effort. Mais de nos jours, les agressions auxquelles nous faisons face sont de plus en plus rapprochées ce qui perturbent nos fonctions biologiques et épuisent nos réserves vitales. L'état de stress permanent (stress chronique) de notre organisme nous conduit inévitablement vers un dysfonctionnement glandulaire amenant un jeu hormonal agressif et désordonné. Le taux sanguin des hormones pro-inflammatoires s'élèvent donc anormalement et le système immunitaire s'affaiblit. Celui-ci ne fait plus alors la différence entre les cellules du moi et du non-moi.

La cellule, structure de base de l'organisme, a des besoins fondamentaux à respecter afin de conserver son intégrité. Chaque cellule a besoin d'être nourrie convenablement. Si un état de stress persiste trop longtemps, la cellule ne sera plus en mesure de faire son travail adéquatement. Alors survient la maladie.

En 1996, Soly Bensabat mentionne: «Les aliments sont biologiquement stresseurs par leur teneur excessive en mauvais sucres et mauvaises graisses ou par leur pauvreté en éléments nutritifs essentiels: acides aminés, vitamines et minéraux.» Ces propos rejoignent ceux de M. Sylvestre, alors directeur de la division de la nutrition du Québec, qui, en 1960, écrivait un article aux médecins: «Nous devons donc admettre entre nous médecins, que l'hygiène alimentaire doit être mieux observée, si nous voulons une population saine et vigoureuse.» Cet hygiène alimentaire comporte la nécessité des acides gras essentiels. La carence de ceux-ci entraînent une hyperperméabilité des membranes cellulaires, ce qui augmente la cascade de l'acide arachidonique avec ses éléments pro-inflammatoires: leucotriènes (LT), les prostaglandines (PG) et les thromboxanes (TX).

Les multiples réactions biochimiques se réalisant à l'intérieur des membranes cellulaires nécessitent des matériaux, tels que les acides gras essentiels. Et souvent, notre alimentation est déficiente en acides gras essentiels.

Voici un exemple: l'huile de soya, dont les gras sont faciles à assimiler, est donnée aux grands brûlés de Montréal. Les acides gras essentiels que contient cette huile nourrissent les membranes cellulaires en hyperperméabilité et permettent ainsi une meilleure et une plus rapide cicatrisation. Si une certaine nourriture aide les grands brûlés, pourquoi une alimentation adéquate ne viendrait-elle pas aider les personnes atteintes de maladies inflammatoires?

Certains éléments agissent comme déclencheurs de l'inflammation et perturbent les membranes cellulaires, par exemple un taux de cortisol trop élevé, une carence en zinc, etc.

Lors d'une émission télévisée (Le Match de la Vie) sur les maladies rhumatoïdes, M. Claude Charron a mentionné les faits suivants:

- en 1992, on a donné 7 millions d'ordonnances aux arthritiques;
- en 1992, il y a eu 325 décès attribués aux médicaments anti-inflammatoires. M. Charron a ajouté que c'était 80 victimes de plus que le sida, et ces décès provenaient des ulcères et des saignements gastriques.

Les anti-inflammatoires sont des médicaments utiles en cas d'urgence et les thérapies naturopathique et glandulaire peuvent être entreprises conjointement à tout moment pour nourrir et régulariser le terrain, en particulier le système glandulaire.

La compréhension du dysfonctionnement glandulaire m'a permis de mettre au point la «thérapie glandulaire». Nous entrons dans une ère nouvelle avec cette thérapie qui offre des possibilités étonnantes et vérifiables par nos résultats cliniques très encourageants. J'espère que d'autres recherches seront entreprises pour confirmer le potentiel de la « thérapie glandulaire», tant au niveau des maladies inflam-matoires que de toute autre maladie. Mes années de recherches me permettent d'affirmer qu'il est maintenant possible de solutionner les causes et non seulement les symptômes des maladies rhumatoïdes et inflammatoires.

Vaincre les maladies rhumatoïdes et inflammatoire devient possible car les vraies causes de ces maladies sont enfin dévoilées.

GLOSSAIRE

Acétylcholine: neurotransmetteur libéré aux synapses du système nerveux central, qui stimule la contraction des muscles squelettiques.

Acides aminés: acides organiques constituant l'unité de base pour la formation de protéines.

Acide arachidonique: acide gras polyinsaturé qui est relâché des phospholipides membranaires, par la phospholipase A_2. L'acide arachidonique est le précurseur des prostaglandines, des thromboxanes et des leucotriènes.

Acide oxalique: substance provenant des aliments (glucides, nucléoprotéines et certains acides aminés). Son augmentation est observée chez les goutteux, les diabétiques et les lithiasiques rénaux.

Acide pyruvique: produit de dégradation du métabolisme des glucides.

Actine: protéine contractile qui entre dans la constitution des myofilaments fins dans une fibre musculaire.

Adényl cyclase (adénylate cyclase): enzyme située à la surface interne de la membrane postsynaptique activée par la liaison des médiateurs à certains récepteurs de la membrane plasmique; ce sont des récepteurs qui activent l'adénylcyclase. Ainsi, l'activation de l'adényl cyclase déclenche des réactions, et les protéines inactives deviennent actives. L'enzyme adényl cyclase transforme l'ATP en AMPcyclique.

Adrénaline: hormone sécrétée par la glande médullosurrénale. Elle accélère le rythme cardiaque, contracte les vaisseaux sanguins, élève la tension artérielle et la glycémie. Elle exerce une action semblable à celle qui résulte d'une stimulation du système nerveux sympathique.

Adrénergique: qui agit sur certains récepteurs spécifiques du système sympathique à la manière de l'adrénaline.

Aérobie: qui ne peut vivre ou se développer qu'en présence d'oxygène.

Albumine: la plus petite et la plus répandue des protéines plasmatiques (60%), dont la fonction principale est de régulariser la pression osmotique du plasma.

Alcaloïdes: principes azotés d'origine végétale contenant un ou plusieurs atomes d'azote. Beaucoup sont toxiques.

Amibe: protozoaire unicellulaire se déplaçant à l'aide de pseudopodes.

Amiboïde: qui se rapporte aux amibes. Mouvements amiboïdes: mouvements cellulaires causé par le déplacement du cytoplasme dans une direction; la membrane plasmique est repoussée dans cette direction, entraînant le reste de la cellule.

AMPcyclique (adénosine monophosphate-3',5' cyclique): molécule tirée de l'ATP sous l'effet de l'enzyme adényl cyclase, qui joue le rôle de messager intracellulaire pour certaines hormones.

Anabolisante: se dit d'une substance qui favorise l'anabolisme.

Anabolisme: réactions endothermiques de synthèse permettant de transformer des molécules simples en molécules complexes.

Anaérobie: qui ne peut vivre ou se développer qu'en l'absence d'oxygène.

Angiotensine: une des deux formes de protéines liées à la régulation de la pression artérielle. L'angiotensine 1 est produite par l'action de la rénine sur l'angiotensinogène et elle est transformée par l'action d'une enzyme plasmatique en angiotensine 2, qui règle la sécrétion d'aldostérone par la corticosurrénale.

Ankylose articulaire: disparition complète ou partielle des mouvements d'une articulation naturellement mobile.

Anoxie: interruption de l'apport d'oxygène aux tissus.

Anticorps: substance produite par certaines cellules en présence d'un antigène spécifique, qui se joint à cet antigène pour le neutraliser, l'empêcher de se multiplier ou le détruire.

Antigene: substance qui, lorsqu'elle est introduite dans les tissus ou dans le sang, provoque la formation d'anticorps ou réagit avec eux.

Artériosclérose: durcissement des artères.

Arthralgie: douleur articulaire.

Arthride rhumatoïde: affection inflammatoire chronique qui mène à la destruction du cartilage et des tissus conjonctifs et qui entraîne la destruction et la déformation des articulations. Elle est caractérisée par des lésions synoviales, cartilagineuses et osseuses. On retrouve dans l'articulation de la douleur, de l'enflure, parfois de la rougeur et de la chaleur. Elle peut évoluer vers l'ankylose et la déformation. Cette maladie auto-immune grave et progressive peut aller au-delà des articulations et s'étendre à d'autres parties du corps, notamment les reins, les yeux, le coeur et les poumons.

Asthénie: affaiblissement généralisé.

ATP (adénosine triphosphate): molécule transporteuse d'énergie, produite par toutes les cellules vivantes comme moyen de capter et de conserver l'énergie. Elle est constituée d'une base purique, l'adénine, et d'un sucre à cinq atomes de carbone , le ribose, auxquels s'ajoutent, en chaîne linéaire, trois groupements phosphate.

Auto-anticorps: anticorps que fabrique l'organisme contre ses propres constituants. Il s'agit là d'une déviation du comportement normal des cellules censées défendre l'organisme. Ce phénomène se voit avec l'âge et dans un certain nombre de maladies appelées maladies auto-immunes.

Avitaminose C: carence vitaminique de vitamine C, liée à l'alimentation.

Base xantine: base purique entrant dans la composition des acides nucléiques et qui est un constituant de la théobromine, de la caféine et de la théine. Selon Trémolières, cette base ferait sortir l'insuline du pancréas.

Bursite: inflammation d'une bourse séreuse (bourse d'un tendon ou d'un muscle).

Calmoduline: protéine régulatrice dépendante du calcium. Elle possède quatre sites de liaison du Ca^{2+}. Elle a le pouvoir d'activer ou d'inactiver les enzymes.

Catabolisme: réactions chimiques qui dégradent des composés organiques complexes en composés simples et qui libèrent de l'énergie.

Catalyseur: substance qui modifie la vitesse d'une réaction chimique, et qui se retrouve intacte à la fin de la réaction.

Catécholamines: substances possédant une fonction amine et deux fonctions phénol. Les catécholamines physiologiques sont: l'adrénaline et la noradrénaline.

Cellule: unité structurale fonctionnelle fondamentale de tous les organismes vivants; la plus petite structure capable d'effectuer toutes les activités vitales.

Chaîne peptidique: élément découlant d'un enchaînement d'aminoacides. La chaîne peptidique peut être courte ou longue. En se repliant dans l'espace, elle peut prendre des conformations particulières, indispensables pour le rôle biologique qu'elle est appelée à jouer.

Chimiotaxie (chimiotactisme): propriété que possèdent les leucocytes d'être attirés par certaines substances, ce qui leur permet de lutter efficacement contre les agents infectieux.

Cholinergique: qui se rapporte à la libération d'acétylcholine, ou qui agit par son intermédiaire.

Cholestérol (ancien nom: cholestérine): classé comme un lipide, le stéroïde le plus répandu dans les tissus animaux; situé dans les membranes cellulaires et utilisé pour la synthèse des hormones stéroïdes et des sels biliaires.

Chondroblaste: cellule responsable de la formation du cartilage.

Colite ulcéreuse: inflammation du côlon.

Collagène: protéine qui constitue le composant essentiel du tissu conjonctif.

Corticoïdes: hormones du cortex surrénal.

Corticoïdes anti-inflammatoires: hormones qui empêchent l'inflammation: cortisone et cortisol.

Corticoïdes pro-inflammatoires: hormones qui déclenchent l'inflammation: désoxycorticostérone acétate (DOCA) et aldostérone.

Cortisol: le plus abondant des corticoïdes.

Cycles biologiques: phénomènes physiologiques cycliques (ex.: menstruation).

Cycle de Krebs (cycle citrique): ensemble de réac-tions chimiques libérant de l'énergie, entraînant la formation de dioxyde de carbone et le transfert d'énergie à des molécules transporteuses en vue d'une libération subséquente.

Cytoplasme: substance située à l'intérieur de la membrane cellulaire et à l'extérieur de son noyau.

Cytosol: voir cytoplasme.

Décalcification: diminution du taux de calcium dans l'organisme.

Déméthylation: processus enzymatique qui consiste à enlever une groupe méthyle (CH_3) à certaines molécules, en particulier aux bases puriques et pyrimidiques, qui peuvent être méthylées dans l'ADN. La déméthylation et la méthylation jouent un rôle important dans la régulation de l'expression des gènes.

DHA: acide docosahexaénoïque que l'on retrouve dans les huiles de poisson et les phospholipides cérébraux.

Dopamine: catécholamine, précurseur de l'adrénaline et de la noradrénaline.

Dystrophie: lésion d'un tissu ou d'un organe due à une déficience de leur nutrition.

Eicosanoïdes: trois groupes d'éicosanoïdes (comportant chacun des PG, des Tx et des LT) sont synthétisés à partir d'acides eicosanoïques C_{20} dérivés de l'acide linoléique et de l'acide linolénique (acides gras essentiels) ou directement à partir de l'acide arachidonique. Les éicosanoïdes comprennent les endoperoxydes cycliques, les prostaglandines, les thromboxanes et les leucotriènes.

Élastine: protéine du tissu conjonctif qui est responsable de l'élasticité des tissus, soit leur extensibilité et leur retour rapide à leur forme d'origine (rétraction élastique) dans les tissus.

Endocardite: inflammation de la membrane tapissant les cavités du coeur (endocarde).

Endocrine: glande dont le produit de sécrétion est déversé directement dans le sang; glande dépourvue de canal excréteur. Ex.: thyroïde, hypophyse.

Enzyme: substance qui modifie la vitesse des réactions chimiques; un catalyseur organique, habituellement une protéine.

EPA: acide éicosapentaénoïque, constituant impor-tant des huiles de poisson de la série Oméga 3.

Épinephrine: synonyme d'adrénaline.

Épiphysite: inflammation limitée à une épiphyse osseuse.

Érytheme noueux: maladie caractérisée par une éruption de nodosités érythémateuses au niveau de la peau, localisées aux jambes et aux pieds, accompagnées d'orthopathies d'intensité variable.

Équilibre acido-basique tout organisme vivant est dans un état de constant équilibre dynamique entre les éléments acides et les éléments basiques.

Exocytose: processus par lequel une vésicule intra-cellulaire fusionne avec la membrane plasmique, de sorte que le contenu de cette vésicule est relâché à l'extérieur.

Fibrine: protéine insoluble, essentielle à la coagulation du sang; formée à partir du fibrinogène sous l'action de la thrombine.

Fibrinogène (facteur 1 de la coagulation): protéine plasmatique de masse moléculaire élevée, trans-formée en fibrine par l'action de la thrombine.

Fibroblaste: cellule volumineuse et aplatie qui forme les fibres collagènes et élastiques ainsi que la substance visqueuse fondamentale du tissu conjonctif lâche.

Fibronectine: glycoprotéine de structure que synthétisent les fibroblastes et diverses autres cellules du tissu conjonctif, leur permettant d'adhérer aux fibres du collagène et aux protéoglycanes. Dans le plasma sanguin, il y a de la fibronectine soluble, légèrement différente de celle des tissus et qui provient du foie.

FSH: hormone folliculostimulante, sécrétée par l'adéno-hypophyse, qui amorce le développement de l'ovule et stimule les ovaires à sécréter les oestrogènes chez la femme, et déclenche la production du sperme chez l'homme.

Glucide: composé organique contenant du carbone, de l'hydrogène et de l'oxygène.

Glucose: sucre à six atomes de carbone, qui constitue la principale source d'énergie pour tous les types de cellules corporelles. Toutes les cellules vivantes peuvent s'en servir pour la formation d'ATP.

Glycémie: taux de glucose sanguin.

Glycogène: polymère du glucose de masse moléculaire élevée, contenant des milliers de sous-unités; sert à entreposer les molécules de glucose dans les cellules du foie et des muscles.

Glycogénolyse: transformation du glycogène en glucose.

Glycogénogénese: processus par lequel un grand nombre de molécules de glucose s'unissent pour former une molécule appelée glycogène.

Glycolyse: ensemble de réaction chimiques aboutissant à la dégradation du glucose et à la formation de pyruvate, et permettant de fournir à la cellule deux molécules d'ATP.

Glycoprotéines: protéines comportant des glucides greffés sur certains aminoacides.

Glycoprotéines de structure: glycoprotéines synthétisées par les cellules du tissu conjonctif (fibroblastes, cellules musculaires lisses) et qui jouent un rôle de « structure » au niveau de la matrice extracellulaire, comme la fibronectine ou la laminine. La plupart des glycoprotéines de structure assurent l'adhésion des cellules aux macromolécules de la matrice extracellulaire (par exemple, des fibroblastes aux fibres de collagène).

Glycosaminoglyganes ou GAG: Ce sont des constituants de la matrice extracellulaire. On trouve des protéoglycanes (et des glycosaminoglycanes) sur les membranes cellulaires. Les plus connus sont l'acide hyaluronique, la chondroïtine-sulfate, l'héparine, l'héparane-sulfate et le glucose.

Golgi (appareil de): organite cytoplasmique de la cellule comprenant de quatre à huit canaux aplatis, empilés les uns sur les autres et élargis à leurs extrémités; cet appareil sert à envelopper des protéines sécrétées, à sécréter des lipides et à synthétiser les glucides.

HDL (cholestérol): lipoprotéine de haute masse volumique. Il recueille le cholestérol des cellules corporelles et le transporte au foie, où il est éliminé.

Hématie: globule rouge.

Hémiplégie: paralysie du membre supérieur, du tronc et du membre inférieur d'un côté du corps.

Hippocampe: partie du cerveau se trouvant près du tronc cérébral.

Histamine: substance présente dans un grand nombre de cellules, notamment les mastocytes, les basophiles et les plaquettes, libérée en cas de lésion de la cellule; provoque une vasodilatation, une plus grande perméabilité des vaisseaux sanguins et la constriction des bronchioles.

Histidine: acide aminé précurseur de l'histamine, indispensable à la croissance et à l'entretien des cellules.

Histiocyde ou macrophage fixe: dérive du monocyte et possède une grande activité phagocytaire. Ces cellules migrent du sang vers certains tissus et organes et s'y fixent. Ex.: cellule de Kupffer du foie.

Histiocompatibilité: compatibilité des tissus.

Homéostasie: état dans lequel le milieu corporel interne reste relativement constant, à l'intérieur de certaines limites.

Hormone: sécrétion d'une glande endocrine, qui affecte l'activité physiologique des cellules cibles du corps.

Hormones peptidiques: messages chimiques composés d'aminoacides enchaînés en peptides, synthétisés par certaines glandes endocrines.

Hyaluronidase: enzyme qui dégrade l'acide hyaluronique, augmentant ainsi la perméabilité des tissus conjonctifs en dissolvant les substances qui maintiennent les cellules soudées les unes aux autres.

Hyaluronique acide: polysaccharide abondant dans le tissu conjonctif et dans de nombreuses humeurs qui lui doivent leur viscosité.

Hydrolyse: fixation d'une molécule d'eau sur une substance qui est ainsi transformée en une autre (ex: hydrolyse du glycogène en glucose).

Hyperkaliémie: augmentation pathologique du taux de potassium dans le sang.

Hyperthyroïdie: exagération des sécrétions de la thyroïde.

Hypocalcémie: insuffisance du taux de calcium dans le sang.

Hypokaliémie: insuffisance du taux de potassium dans le sang.

Hypophyse: petite glande endocrine logée dans la selle turcique et reliée à l'hypothalamus par la tige pituitaire.

Hypophysectomie: ablation de la glande hypophyse.

Hypotalamus: partie inférieure du cerveau, sur laquelle est ancrée l'hypophyse, et qui contient des centres d'importance vitale influençant une bonne partie du fonctionnement non dépendant de la volonté de l'organisme, en particulier la régulation des émotions, la soif, l'appétit, l'agressivité et d'autres encore.

Hypothermie: abaissement de la température du corps.

Hypothyroïdie: insuffisance de la sécrétion de la thyroïde.

IGF-1: la STH produit la plupart de ses effets en transformant d'autres hormones en substances qui favorisent la croissance. Ces substances sont appelées somatomédines et facteur de croissance pseudo-insulinique (IGF-1). Ce sont de petits peptides produits dans le foie sous l'influence de la somatotrophine. Ils influencent tous deux la plupart des effets de la somatotrophine et ressemblent, sur les plans de la structure et de la fonction, à l'insuline.

Immunologie: branche des sciences biologiques qui consiste à étudier les mécanismes de défense de l'organisme contre des envahisseurs tels que des bactéries.

Immunosuppresseur: se dit d'un médicament ou d'un traitement capable de diminuer ou de supprimer les réactions immunitaires.

Insuline: hormone sécrétée par le pancréas, qui abaisse le taux de glucose dans le sang.

Ion: atome ou groupement d'atomes ayant perdu ou gagné un ou plusieurs électrons et qui, de ce fait, a acquis une charge électrique.

LDL (cholestérol): lipoprotéines de faible masse volumique. Il recueille le cholestérol et le dépose dans les cellules corporelles, et, dans des condi-tions anormales, dans les cellules musculaires lisses des artères.

Leucocytes: globules blancs.

Leucotriènes: proviennent de l'acide arachidonique. Leur nom fait allusion à leur synthèse par les leucocytes (voir éicosanoïdes).

Lésion d'ostéose (ostéite): inflammation d'un os.

Lipide: composé organique constitué de carbone, d'hydrogène et d'oxygène, qui est habituellement insoluble dans l'eau, mais soluble dans l'alcool, l'éther et le chloroforme (exemples: graisses, phospholipides, stéroïdes et prostaglandines).

Lipoprotéines: combinaison d'une protéine et d'un lipide.

Lymphocyte: type de leucocyte, présent dans les ganglions lymphatiques, lié au système immunitaire.

Lysosome: organite cytoplasmique, limité par une membrane double, qui contient des enzymes digestives puissantes.

Macrophage: cellule phagocytaire dérivée d'un monocyte. Peut être fixe ou libre.

Maladie de Crohn: inflammation de la dernière partie de l'intestin grêle (ilion); iléite régionale.

Mastocyte: cellule qu'on trouve dans le tissu conjonctif lâche le long des vaisseaux sanguins, et qui produit l'héparine, un anticoagulant. Nom donné à un basophile après qu'il ait quitté la circulation sanguine et a pénétré dans les tissus.

Médiateur chimique ou neurotransmetteur: substance chimique élaborée et libérée par l'extrémité des fibres nerveuses en activité et permettant la transmission de l'influx nerveux.

Médullosurrénale: partie interne d'une glande surrénale, constituée de cellules sécrétant les catécholamines, principalement l'adrénaline et la noradrénaline, en réaction à la stimulation exercée par les neurones préganglionnaires sympathiques.

Mélatonine: hormone peptidique produite par la glande épiphyse, située à la base du cerveau.

Mésenchyme: tissu conjonctif embryonnaire dont tous les autres tissus conjonctifs sont issus.

Métabolisme: terme général qui englobe toutes les réactions chimiques et physiques qui se produisent dans l'organisme. Le métabolisme comprend deux types de réactions: le catabolisme et l'anabolisme.

Métastase: apparition, en un point de l'organisme, d'un phénomène pathologique déjà présent ailleurs.

Méthylation: processus chimiques, catalysés par des enzymes spécifiques dans les cellules, qui consistent à fixer un groupement méthyle ($-CH_3$) sur certaines molécules.

Mitochondrie: organite à membrane double qui joue un rôle important dans la production de l'ATP; appelée la «centrale énergétique» de la cellule.

Mucopolysaccharide: ancien terme pour protéoglycanes. Macromolécule entrant dans la constitution de la substance fondamentale des tissus conjonctifs; ils sont formés de chaînes glycaniques fixées par des liaisons covalentes à une chaîne protéique.

Myocardite: inflammation du muscle qui constitue la majeure partie de la paroi du coeur (myocarde).

Néoglycogénèse ou gluconéogenèse: transformation de substances non glucidiques en glucose ou en glycogène par le foie et les reins.

Neurone: cellule nerveuse comprenant un corps cellulaire, des dendrites et un axone.

Neurotransmetteur ou médiateur chimique: substance chimique élaborée et libérée par l'extrémité des fibres nerveuses en activité et permettant la transmission de l'influx nerveux.

Norépinéphrine: synonyme de noradrénaline.

Nucléoside: hétéroside résultant de l'union d'un pentose avec une base purique ou pyrimidique.

Ostéite: inflammation d'un os.

Ostéo-arthrite: maladie chronique qui cause la détérioration du cartilage; ainsi, les os, dont l'extrémité n'est plus protégée, frottent les uns contre les autres, et la structure articulaire finit par se briser.

Ostéo-arthrose: arthrite dégénérative se compliquant de lésions osseuses au niveau des surfaces articulaires.

Ostéomalacie: affection caractérisée par un ramollissement des os.

Ostéophyte: prolifération anormale du tissu osseux au voisinage d'une inflammation.

Ostéoporose: fragilité des os due à une raréfaction et à un amincissement des travées osseuses.

Oxydation: perte d'électrons et d'ions hydrogène (atomes d'hydrogène) d'une molécule ou, plus rarement, gain d'oxygène d'une molécule. L'oxydation du glucose dans l'organisme est aussi appelée respiration interne, ou cellulaire, ou tissulaire.

Péricardite rhumatismale: inflammation de l'enveloppe du coeur (péricarde).

Périostose: lésion non inflammatoire de la membrane du tissu conjonctif qui couvre les os (périoste).

pH: symbole de mesure de la concentration des ions hydrogène dans une solution. L'échelle du pH est graduée de 0 à 14; un pH de 7 exprime la neutralité, un pH inférieur à 7 signifie un augmentation de l'acidité, et un pH supérieur à 7 indique une alcalinité accrue.

Phagocytose: processus par lequel une cellule capture et ingère des particules. Se rapporte notamment à l'ingestion et à la destruction de microbes, de débris cellulaires et d'autres substances étrangères.

Phospholypase A$_2$ (PLA$_2$): provient d'une famille d'enzymes. Plus de 60 phospholipases ont été identifiées. Cette enzyme, selon Laborit, serait la cheville ouvrière de la réaction inflammatoire.

Phosphorylase: enzyme qui agit au niveau de la transformation du glycogène.

Phosphorylation: réaction au cours de laquelle un radical phosphoryle se fixe sur un composé organique.

Pinocytose: processus par lequel les cellules capturent et absorbent les liquides.

Plaquette sanguine ou thrombocyte: cellule sanguine anuclée nécessaire à la coagulation.

Polymorphonucléaire: leucocyte dont le noyau est fortement lobulé, ce qui donne l'aspect de noyaux multiples. On y retrouve les neutrophiles, les éosinophiles et les basophiles.

Précarence: état précédant une carence.

Précordiale: relatif à la région du thorax, situé en avant du coeur.

Prostaglandines: elles existent dans tous les tissus et toutes les cellules faisant fonction d'hormones locales et proviennent des acides gras polyinsaturés (eicosaénoïque), c'est-à-dire de l'acide arachidonique.

Protéase: enzyme capable de dégrader les protéines.

Protéines: macromolécules formées par l'enchaînement d'aminoacides.

Protéoglycanes: macromolécules entrant dans la constitution de la substance fondamentale des tissus conjonctifs; ils sont formés de chaînes glycaniques fixées par des liaisons covalentes à une chaîne protéique.

Protoplasme: voir cytoplasme.

Pseudopode: prolongement cytoplasmique de la cellule servant à la locomotion de celle-ci et à la phagocytose.

Purine: provient d'une base purique, qui est une base azotée.

Raréfaction osseuse: diminution de la densité de l'os.

Récepteur: protéine liée à la membrane des cellules ou se trouvant à l'intérieur des cellules, capable de reconnaître sélectivement certains composants (messagers), par exemple des hormones, et de former des complexes solides avec ces messagers, pouvant induire d'autres phénomènes ou réactions correspondant au contenu (sens) de ce message à l'intérieur de la cellule.

Rectite ulcéreuse: inflammation du rectum.

Rénine: enzyme libérée par le rein dans le plasma, où elle transforme l'angiotensinogène en angiotensine 1.

Réticulocyte: jeune hématie.

Réticulum endoplasmique: réseau de canalicules parcourant le cytoplasme, jouant un rôle dans le transport intracellulaire, le soutien, l'entreposage, la synthèse et la concentration des molécules. On parle de réticulum endoplasmique granuleux lorsque des ribosomes sont accolés à la face externe de la membrane, et de réticulum endoplasmique lisse lorsqu'il n'y a pas de ribosomes.

Ribosome: organite cytoplasmique composé d'ARN ribosomique et de protéines, servant à la synthèse des protéines.

Saponification: transformation des matières grasses en savon.

Synapse: aire de jonction entre les prolongements de deux neurones adjacents; région de contact où l'activité d'un neurone affecte l'activité d'un autre neurone.

Tachycardie: accélération de la fréquence cardiaque.

Thrombine: enzyme active formée à partir de la prothrombine, qui transforme le fibrinogène en fibrine.

Thromboxanes: proviennent des acides gras eicosaénoïques de l'acide arachidonique. Ils furent découverts dans les plaquettes.

Transméthylation: réaction chimique par laquelle le radical méthyle (CH_2) d'une substance est transféré sur une autre.

Tyrosine: acide aminé.

Urates de soude: sels d'acide urique.

Uratique: qui présente un taux trop élevé d'acide urique.

Urée: produit final de la dégradation des protéines, présent dans le sang et devant être éliminé par les reins.

Vaso-constriction: diminution du calibre d'un vaisseau par contraction de ses fibres musculaires.

Vasodilatateur: qui augmente le calibre des vaisseaux sanguins.

Vasodilatation: dilatation d'un vaisseau.

Xanthine base purique entrant dans la composition des acides nucléiques et qui est un constituant de la théobromine, de la caféine ou de la théine.

Xénobiotiques: nom donné aux produits chimiques étrangers: drogues, polluants, additifs alimentaires. Selon Harper, «c'est un composé qui est étranger à l'organisme»

INDEX

A

C.O.L. (cortisol), 26, 29, 65, 67, 76, 77, 78, 79, 80, 81, 82, 83, 84, 117, 147, 153, 157, 158, 178, 190, 194, 220, 283, 289.
Collagène, 52, 77, 89, 216, 246, 289, 291, 292.
Colite ulcéreuse, 93, 201, 206, 279, 289.
Composés chimiques, 59, 213.
Contraceptifs oraux, 220, 221, 222.
Cornic, Dr. Alain, 175, 182.
Coroley, G., 96.
Corticoïdes, 45, 50, 65, 69, 75, 76, 77, 78, 79, 83, 84, 87, 94, 106, 147, 148, 149, 157, 173, 194, 210, 225, 226, 227, 289.
Corticotrophine (ACTH), 23, 66, 75, 158, 159.
Cortico-surrénales, 147.
Cortisone, 37, 38, 54, 83, 84, 146, 147, 148, 151, 153, 175, 176, 178, 179, 180, 181, 182, 209, 222, 225, 227, 261, 265, 266, 289.
Coste, Dr. Florent, 180.
Coudé-Lord, Michelle, 164, 171.
Crevier, Hélène, 174.
Crohn (maladie de), 167, 201, 206, 279, 295.
Cuivre, 239.
Currier, W.D. Pr., 73, 155, 229.
Cyclo-oxygénase, 134, 173, 182, 188, 215, 222, 223, 227, 247.
Cytokines, 157.
Cytosol, 30, 119, 120, 142, 143, 158, 187, 227, 289.

D

Delbet, Pr. Pierre, 123.
Delta-5-désaturase, 115, 116.
Delta-6-désaturase, 115, 116.
Dépressifs (états), 177, 194.
Déséquilibre glandulaire, 15, 16, 36, 42, 51, 53, 54, 55, 57, 60, 63, 81, 94, 114, 117, 156, 179, 206, 210.
Déshydrases, 207.

Désoxycorticostérone (DOC), 65, 84, 85, 189, 289.
Deville, Michel, 141, 180, 204.
Dihomogammalinoléniqe (acide ADGL), 113, 173.
DiNero, G., 96.
Dismutases, 209, 219.
Division cellulaire, 88, 162.
Donald, Alan, 248.
Douleur, 47, 136, 145, 150, 185, 195, 208, 237, 241, 244, 245, 247, 258, 264, 266, 267, 269, 277, 287.
Dubos, René M.D., 187, 229.
Durieux, Marie-Josée, 90.
Durlach, Dr. P., 237.
Dysfonctionnement glandulaire, 20, 47, 49, 54, 57, 58, 59, 61, 67, 155, 158, 159, 161, 169, 181, 272, 281.

E

Eczéma, 139, 241, 250, 268.
Éicosanoïdes, 133, 290, 294.
Eicosapentaenoïque (AEP) (acide), 111, 112.
Enképhalines, 195.
Élastine, 290.
Éléments pro-inflammatoires, 104, 133, 141, 143, 158, 169, 207, 271.
Émotions, 21, 36, 74, 195, 219, 294.
Endocytose, 125, 126.
Endoperoxydes cycliques, 133, 134, 215, 290.
Endorphines, 195, 196.
Enflure, 96, 124, 145, 151, 241, 287.
Enzymes, 29, 41, 91, 104, 115, 120, 121, 127, 133, 134, 139, 141, 146, 158, 184, 189, 204, 205, 206, 207, 209, 212, 215, 216, 239, 249, 288, 295.

    Adényl cyclase, 30, 81, 285, 286.
    Catalases, 207, 215, 219.
    Cyclooxygénase, 135, 225.
    Delta-5-désaturase, 115, 116.
    Delta-6-désaturase, 115, 116.
    Déshydrases, 207.

BIBLIOGRAPHIE

Abrahamson, E.M. et A.W. Pezet, *Le corps, l'esprit et le sucre*, Laplante et Langevin, Inc., 1965, 216 p.

Adams Ruth, Frank **Murray**, *Is low blood sugar making you a nutritional cripple?*, Larchamont Press, 1970, 48 p.

Adams Ruth, Frank **Murray**, *Vitamin C, the power-house vitamin, conquers more than just cold*, 1972.

Adams Ruth, Frank **Murray**, *Body mind and the B vitamines*, Larchmont books, 1972, 317 p.

Advances, *Is the mind Part of the immune system?*, publication de l'institut Fetzer, 1993, 95 p.

Airola, Paavo, Ph.D, *Hypoglycemia: a better approach*, Health plus, 1977, 191 p.

Airola, P.O., N.D., *There is a cure for arthitis*, Parker Publishing Company, Inc., 1968, 200 p.

Arkin, Irachmyel, *Le traitement des syndromes hémorragiques par la vitamine C*, Thèse, 1939.

Aron, Jan, *Contribution à l'étude biologique de l'acide ascorbique*, Thèse, 1950.

Aschner, B., M.D., *Arthritis can be cured*, Arc Books, Inc, 1971, 233 p.

Arms, K et P.S. CAMP, *Biologie générale*, Editions Études Vivantes, 1993, 1198 p.

Atkins C.R. et S. **Linde**, *La diététique super-énergétique du Dr. Atkins*, Buchet/Castel, 1978, 346 p.

Aubert, C., *L'agriculture biologique*, Le courrier du livre, 1970, 253 p.

Aubert, C., *L'industrialisation de l'agriculture*, Le courrier du livre, 1970, 95 p.

Auxietre, C.G., *L'hypoglycémie spontanée*, Librairie Maloine, 1968, 198p.

Bach, Dr. Edward, *La guérison par les plantes*, Le courrier du livre, 1985, 124 p.

Baker, Audrey, *Vitamins in nutrition and health*, Staples Press, 1954.

Barbeau, R., N.D., *La cause du cancer*, Clinique Barbeau, 1971, 285 p.

Barbeau, R., N.D., *La cause inconnue des maladies*, Clinique Barbeau, 1972, 411 p.

Barloy, J.J., *La nouvelle diététique animale*, Sciences et avenir, no 133, 1974, p.1079.

Barnes Broda, O.M.D., GRATTON Lawrence, *Hypothyroidism: the unsuspected illness*, Harper and Row Publishers, 1976, 308 p.

Barton-Wright, Dr. E.C., *The arthritis*, E.C. Barton-Wright, 1973.

Bartz, Fred H., *The key to good health: Vitamin C*, Graphic Arts Reasearch Foundation, 1971, 96 p.

Baskin, H. Jack, M.D., *How your thyroid works*, Adams Press, 1985, 69 p.

Basténie P.A., **Copinschig.**, W. **Malaisse**, *Les hypoglycémiques. Diagnostic et traitement dans la pratique médicale*, Presses Académiques Européennes, 1969, 134 p.

Baumgartner, P., *À propos des manifestations hépatito-biliaires chez les rhumatisants chroniques*, 1937.

Bayliss R.I.S., **Tunbridge** W.M.G., *Thyroid disease: the facts*, Oxford University Press, 1991, 134 p.

Béasse, André, *L'acide ascorbique et son rôle en thérapeutique*, Thèse, 1936.

Beauchamp, N., *Les coûts de la santé publique ont doublé en 5 ans au Québec*, La Presse, 1981, p.A-5.

Beck, James et Deva, *Les endorphines*, éd. Le souffle d'or, 1993, 114 p.

Bègue, **J.A.M. Fernand-Jayle**, *La réaction métabolique*, Presses universitaires de France, 1975, 120 p.

Bellanger, J.L., *Médecine préventive*, éd. Solar, 1972, 382 p.

Bellet S., **Kershboum** A., **Fuick** M., *Response of free fatty acids to coffee and caffeine*, Metabolism medical and experimental, no 18, 1968, p.702.

Benoist F, **Rathery** M, **Héroud** G., *Conséquences cardiaques des états d'hypoglycémie*, La Presse Médicale, 1960, p.1167.

Bensabat, Dr. Soly, *Stress*, Hachette, 1980, 350 p.

Bensabat, Dr. Soly, *Vive le stress!*, Éd. Robert Laffont, 1997, 247 p.

Bercu, Barry B., *Basic and Clinical aspects of Growth hormone*, Plenum Press, 1988.

Bergeret Claude, **Tétau** Max, *L'organothérapie*, Librairie Maloine, 1973, 240 p.

Berner Mark S., M.D. C.C.F.P. (E.M.), **Biron** Pierre, M.D., M.Sc, **Rothenberg** Gérald N., B.S. Pharm. f.a.c.a, Association médicale canadienne, *Le guide pratique des médicaments*, éd. Sélection du Reader's Digest, 1990, 592 p.

Bertholet, Dr. Ed., *Action de l'alcoolisme chronique pour les organes de l'homme et sur les glandes reproductrices*, Pierre Gevillard, 1913, 77 p.

Besson, A., *La lutte contre le bruit, à l'occasion du deuxième congrès international*, La Presse Médicale, 1962, p.1750.

Besson, Dr. Philippe-Gaston, *Acide-base: une dynamique vitale*, éd. Trois fontaines, 1991, 128 p.

Besson, Dr. Philippe-Gaston, *Je me sens mal, mais je ne sais pas pourquoi..!*, éd. Trois Fontaines, 1994, 154 p.

Beyrouti, Marie-Paule, *Les succès de la recherche: des percées révolutionnaires*, revue Communiqué (Société d'arthrite), vol. 11 no. 3, sept. 1993.

Bircher-Benner, *Rhumatisme et arthritisme*, éd. Victor Attinger s.a., 1959.

Bland, Jeffrey, PhD, *The justification for Vitamin supplementation*, Northwest Diagnostic Services, 1981, 22 p.

Bland, Jeffrey, PhD, *Digestive enzymes*, Keats Publishing inc., 1983, 24 p.

Bland, J.H., M.D., *Arthritis medical treatement and home care*, First collier Books Edition, 1962, 212 p.

Bompa, Tudor O., PhD, *Theory and methodology of training*, Kendall/Hunt Publishing comp. 1990, 373 p.

Bonneton, Dr. André, *L'anti-stress*, Guy St-Jean, Hélios, 1985, 104 p.

Borel Jacques Paul, **Caron** Jean, **Chanard** Jacques, **Gougeon** Jacques, **Leutenegger** Marc, **Maquart** François-Xavier, **Potron** Gérard, **Randeux** Alain, **Zeitoun** Paul, *Comment prescrire et interpréter un examen de biochimie*, éd. Maloine, 1985, 850 p.

Boucher Francine, **Binette** André, *Bien vivre le stress*, éd. De Mortagne, 1981, 189 p.

Boulanger, J.B., *Neurobiologie et psychopathologie*, L'Union médicale du Canada, Tome 89, mai 1960.

Bourget, P., *Les accidents thérapeutiques*, Hachette, 1967, 316 p.

Brennan R.O., **Mulligan** W.C., *Nutrigenetics*, M.Evans et co., 1975

Bugard, P., *Articulations psychologiques et somatiques de la fatigue*, Dans la fatigue, travaux du 3ième congrès international de médecine psychosomatique publiés sous la direction des docteurs Léon Chertok et Michel Sapir, 1967, 595 p.

Bugard, Pierre, *Stress, fatigue, dépression*, no.1, éd. Doin, 1974, 294 p.

Carrel, A., *L'homme cet inconnu*, Librairie Plon, 1935, 447 p.

Carrel, A., *Réflexion sur la conduite de la vie, suivi de la prière*, éd. Plon, 1950, 318 p.

Carton, P., *Les trois aliments meurtriers*, Librairie LeFrançois, 1942, 76p.

Carton, P., *Les lois de la vie sainte*, Librairie LeFrançois, 1951, 224 p.

Cerami Anthony, **Vlassara** Helen, **Brownlee** Michael, *Glucose et vieillissement*, revue Pour la science, juil. 1987, p.72.

Chalouh, Marie, *La fibromyalgie: un mal bien réel*, revue Communiqué (Société d'arthrite), vol.7, no.1, mars 1989.

Chalouh, Marie, *Art et anthropologie: sur les traces de l'arthrite*, revue Communiqué (Société d'arthrite), vol.7, no.3, sept. 1989.

Chalouh, Marie, *Les AINS: des médicaments à prendre au sérieux*, revue Communiqué (Société d'arthrite), vol.7, no.4, déc. 1989.

Chalouh, Marie, *La cyclosparine: de la greffe d'organes à l'arthrite rhumatoïde*, revue Communiqué (Société d'arthrite), vol.8, no.3, sept. 1990.

Chalouh, Marie, *Halte à l'inflammation! Quatre projets de recherche prometteurs*, revue Communiqué (Société d'arthrite), vol.9, no.2, juin 1991.

Chalouh, Marie, *Le système immunitaire*, revue Communiqué (Société d'arthrite), vol.11, no.2, juin 1993.

Chalouh, Marie, *L'armée en déroute: le système immunitaire contre lui-même*, revue Communiqué (Société d'arthrite), vol.11, no.4, déc. 1993.

Câtelaine, *Pas plus de sucre que dans un verre de jus*, Publicité, 1982.

Chauchard, Paul, *La chimie du cerveau*, Presses universitaires de France, 1966, 128 p.

Chauchard, Paul, *Les sciences du cerveau*, éd. Dunod, 1966, 202 p.

Chauchard, Paul, *Une morale des médicaments*, éd. Fayard, 1966, 297 p.

Chauchard, Paul, *L'équilibre sympathique*, Presses universitaires de France, 1967, 128 p.

Chénier, A., *Comment un stress peut inhiber la croissance*, La Presse, 1977, p.E-15.

Cheraskin E., **Ringsdorf** W.M., **Brecher** J.A., *Psycho-dietetics*, Bantam Books, 1974.

Chuc, Rogelis, *Fixation et élimination de la vitamine C*, éd. Vigné, 1935.

Cohen, E.Y., *Corrélations médullo-corticales dans les stress*, Semaine des hôpitaux de Paris, 8 nov. 1963, p.2400.

Collin H-Dong, M.D., **Banks** J, *New hope for the Arthritic*, Ballantine Books, 1975, 241 p.

Cooper, J.T., *Fabulous fructose diet*, M.Evans et Co., 1980, 214 p.

Cornic, Dr. Alain, *Médecine prédictive*, Éd. Albin Michel, 1990, 217 p.

Corrigan, Dr. A.B., *Living with arthritis*, Grosset et Dunlap, 1971.

Coste, Dr. Florent, *Le rhumatisme*, Presses universitaires de France, 1966, 135 p.

Cotereau H.Y., *Contribution à l'étude des rapports entre l'acide ascorbique et la vitamine B_2 (vitamine P)*, éd. Maloine, 1947.

Courchet J.L., **Christodoulou** G., *Perfusions intra-veineuses glucosées isotoniques en psychiatrie*, Semaine des hôpitaux de Paris, 14/11/1963, p.2450.

Crevier, Hélène, *Une arme à deux tranchants: les corticostéroïdes*, revue Communiqué (Société d'arthrite), vol.4, no.3, sept. 1986.

Crisaphi, Dr. Daniel-J.,Ph.D., *Candida Albicans, l'autre « maladie du siècle »*, 66 p.

Critzman, D., *La goutte, son mécanisme et son traitement*, éd. G. Doin.

Crudden, H., M.C. F., *Uric acid, The chemistry, physiology and pathology of Uric Acid*, 1937.

D'Addler, M.A., *Comment l'organisme s'adapte au changement*, Science et Vie, sept. 1981.

Danechvar, Ahmad, *Les altérations du squelette au cours des avitaminoses C*, éd. M. Vigné, 1939.

Darrel, C. **Crain**, M.D. F.A.C.P., *The arthritis handbook*, Arc Books Inc, 1972, 220 p.

Daubot-Perrot, A., *La chimie électrique du système nerveux*, Vigot Frères, 1975, 205 p.

D'Autrec, C.V., *Les charlatans de la médecine*, La table ronde, 1967, 298 p.

David, M.P. **Guilly**, *La neurochirurgie*, Presses universitaires de France, 1970, 126 p.

Davignon, Dr. Jean, *Faible taux de cholestérol et mortalité non cardiaque*, Fondation des maladies du coeur du Québec.

Debray-Ritzen, P., *Le point sur le fonctionnement du cerveau*, Psychologie, fév. 1976, p.33.

Declerck M., **Boudouard** Johanne, *La nourriture névrosée*, Denoël/Gonthier, 1981, 237 p.

DeFeudis, F., *La biologie de la solitude*, La Recherche, avril 1975.

De La Cruz P. **Luis** F., *Regulation of Growth hormone and somatic Growth*, Proceedings of the International Meeting on regulation of Somatic Growth, hugo Spain, 11-16 October 1991, Editor Excerpta Medica.

Delaleu, Isabelle, *Lait: l'hormone fait scandale*, Sciences et Avenir, mai 1992.

Delaroche, Dr. Jean-Michel, *Vaincre le stress*, éd. De Viccchi, 1985, 143p.

De Latil, P., *Stress: des médicaments pour résister à tout*, Sciences et Avenir, sept. 1973, p.862.

Deschênes, Marcelle, Dt.p., **Trudeau**, Lysanne, M.Sc. Dt. p., *Le paradoxe français*, Fondation des maladies du coeur du Québec.

De Seze A., **Ryckewaert** A.A., *Ces rhumatismes dont on parle*, Librairie Hachette, 1964, 397 p.

Desproges-Gotteron, R., Professeur, *Guide du rhumatisant*, éd. Charles Massin, 1970, 158 p.

Deville, Michel, *Le vrai problème des oligo-éléments*, Centre de recherche et d'applications sur les oligo-éléments, 1978, 223 p.

Devoir, Le, *L'alimentation affecte la chimie du cerveau*, 4/03/1974.

Devoir, Le, *Une étude prouve les effets nocifs des sucreries au jeu*, 29/11/1974.

Dextreit,R., *Espoir pour les arthritiques et les rhumatisants*, éd. de la revue Vivre en Harmonie,1959, 95 p.

Dezssonoff, *Le sort de la vitamine C dans l'organisme animal*, Actualités de la médecine infantile, 1948.

Dimanche-Matin, *Le café est une drogue dangereuse*, 9/11/1980.

Dijan, Jacqueline, *La médecine contemporaine*, éd. Gallimard, 1967, 383 p.

Dobbing, J., *Malnutrition et développement du cerveau*, La recherche, no. 64, 1976, p.139

Dolan S., **Arsenault** A., *Stress, santé et rendement au travail*, Publications de l'Ecole de relations industrielles de l'Université de Montréal, 1980, 186 p.

Dorozynski, Alexandre, *Les prostanglandines, ces hormones hors-série*, Science et Vie, sept. 1975.

Dranov, Paula, Estrogen: Is it right for you?, Simon and Schuster publishers, 1993, 160 p.

Dufty, W., *Sugar blues*, Chilton book co.,1975, 194 p.

Dugal, Louis-Paul, du Department of Biology, University of Ottawa, *La tolérance de la vitamine C en relation avec la température froide*.

Dupuy J.-P., **Karsenty** S., *L'invasion pharmaceutique*, éd. Seuil, 1974, 269 p.

Durieux, M.-J., *Le foie*, Sciences et Avenir, 1973, p.662.

Durieux, M.-J., *La molécule du dynamisme cellulaire*, Sciences et Avenir, p.754.

Durieux, M.-J., *Les hormones du cerveau*, Sciences et Avenir, mars 1974, p.267.

Du Chazaud, Jean, *Ces glandes qui nous gouvernent*, éd. Équilibres Aujourd'hui, 1990, 96 p.

Du Chazaud, Jean, *Le sommeil perdu et retrouvé*, éd. Équilibres Aujourd'hui, 1990, 189 p.

Du Ruisseau, J.-P., *La mort lente par le sucre*, éd. Du jour, 1973, 213 p.

Dutot Dr. Fabrice, Dr. **Lambrichs** Louise L., *Les fractures de l'âme*, éd. Robert Laffont, 1988, 363 p.

Duve, Christian, *La cellule vivante*, éd. De Boeck Université, 1987, 437 p.

Eck, Dr. Marcel, *L'homme et l'angoisse*, éd. Fayard, 1964, 257 p.

Eckholm, E., *La sous-alimentation et les maladies infectueuses tuent 35,000 enfants en bas âge chaque jour dans le monde*, Journal de Montréal, 29/11/1977.

Ellis John M., M.D., **Presley** James, *Vitamin B_6: the Doctor's report*, Harper and Row Publishers, 1973, 251 p.

Emaleh, H., *Glandes endocrines et régulation hormonale*, éd. Dunod, 1969, 265 p.

Elton Sides, *Why suffer needless Arthritis and Bursitis pains?*, Fourth Edition, 1972, 24 p.

Emmanuelli, *Recherches sur l'hypovitaminose C spécialement chez les enfants*, thèse, 1943.

Favier, Joseph, *Équilibre minéral et santé*, éd. Dangles, 1951, 345 p.

Ferguson, M., *La révolution du cerveau*, Calmann-Lévy, 1974, 372 p.

Ferrara, J., *Alerte au sucre*, Science et Vie, juin 1977, p.38.

Ferrara, J., *Le café est bien une drogue*, Science et Vie, août 1981, p.30.

Ferrara, Jean, *Nous perdons la jeunesse avec le thymus*, Science et Vie, août 1982.

Ficheux, J.M., *Contribution à l'étude clinique du pouvoir cicatrisant des vitamines A et D associées à la chlorophylle*, 1940.

Fièvre, Dr. Ronald R., *Nous sommes tous des maniaco-dépressifs*, Flammarion, 1980, 312 p.

Fontaine, M., *Apprendre aux jeunes à maîtriser le stress*, La Presse, 23/02/1982, p.A-15.

Fortin, J.C., *Les eaux gazeuses, un danger pour la santé si on en fait un abus?*, Petit Journal, semaine du 11 au 17 nov. 1973.

Frappier, Renée et Danielle Gosselin, *Le guide des bons gras*, éd. Asclépiade inc., 1995, 403 p.

Fredericks, C., *Psycho-nutrition*, Grosset et Dunlop, 1976, 224 p.

Freudenberger, Herbert J., *Le mal du 20ième siècle: l'anxiété*, éd. Horizon, 1984, 357 p.

Fullmer Harold M., **Martin** G.R., **Burns** J.J., en provenance des Annales de l'Académie des Sciences de New York, *Le rôle de la vitamine C dans la formation et l'entretien des structures dentaires*, 1952.

Gagnon, Andrée, B.Sc., *La santé par la naturopathie*, éd. La Liberté, 1989, 170 p.

Gagnon L., *Le stress* (Conférence présentée au congrès direction santé et sécurité Hydro-Québec, de la «société des conseillers en sécurité industrielle du Québec»), tenue le 11 mai 1981 à l'hôtel Sheraton Mont-Royal de Montréal.

Galmiche, Paul, *La résistance et le perméabilité des vaisseaux capillaires et la vitamine P*, thèse, 1945.

Garnier Marcel, **Delamare** Valéry, *Dictionnaire des termes techniques de médecine*, Librairie Maloine, 1969, 1087 p.

Gassette, G., *La santé*, éd. Astra, 1947, 332 p.

Ghalem A., **Martineaud** J.-P., *L'organisme et le bruit*, Science et Vie, Hors-série no.123, p.130.

Giroud A., **Leblond** C.P., *L'acide ascorbique dans les tissus et sa détection*, 1936.

Giroux, A., *L'acide ascorbique dans la cellule et les tissus*.

Goldstein, **Betz** Lorris, *La barrière qui protège le cerveau*, revue Pour la Science, nov. 1986.

Goleman Daniel, Ph.D, **Gurin** Joel, *Mind body Medicine*, Consumer Reports books, 1993, 482 p.

Graffty, Heward, *Le dossier noir de la médecine*, éd. La Presse, 1972, 204 p.

Graham Judy, *L'huile d'onagre*, éd. Epi, 1985, 126 p.

Graham Judy, **Odent** Michel, *Le zinc et la santé*, éd. Payot, 1986, 159p.

Grant, Dr. Ellen, *Amère pilule*, éd. Écologie Humaine, 1988, 246 p.

Grislain J.-R., **Mainard** R., **Bureau** Q., *Les accidents de la corticothérapie*, La Presse Médicale, 7/12/1963, p.2534.

Gros, Dominique, *Le sein dévoilé*, éd. Marabout, 1987, 285 p.

Guthrie, R., *La malnutrition, grande cause de l'arriération*, La Presse, 4/10/1973.

Guyton, A.C., *La physiologie de l'homme*, H.R.W., 1974, 502 p.

Hall, R.H., *Les aliments fabriqués*, Le consommateur canadien, 1976.

Hamburger, Joel, M.D., F.A.C.P., *The thyroid gland*, éd. Joel H. Hamburger, 1991, 88 p.

Hanson, Dr. Peter G., *Les plaisirs du stress*, Les Editions de l'Homme, 1985, 254 p.

Harper, H.A., *Précis de biochimie*, Les Presses de l'université Laval et la librairie Armand Colin, 1969, 565 p.

Harris, Leslie, *Vitamin C and infection*, Perspectives in Biochemistry, 1937.

Hazard J.,**Perlemuter** L., *Endocrinologie*, éd. Masson, 1989, 560 p.

Hillson, Dr. Rowan, *Thyroid disorders*, McDonald and Co. Publishers Ltd., 1991, 118 p.

Hinglois, H.M., *Carence calcique et régime alimentaire, phosphore, calcium, vitamine D*.

Hurdle, F.J., *Low blood sugar: a doctor's guide to its effective control*, Parker Publishing Co., 1969, 224 p.

Imfeld, Al., *La civilisation du sucre*, éd. Favre, 1986, 232 p.

Intercom, *Bulletin de communications de l'Institut national de la recherche scientifique*, 18/02/1983, 3(14).

Isakson, Peter, *Vers de nouveaux anti-inflammatoires*, revue La Recherche, avril 1996.

Jacobson, S., *Le café aurait une influence sur les nouveaux-nés*, Journal de Montréal, 30/08/1982, p.26.

Jagot, Paul-C., *Le livre rénovateur des nerveux, surmenés, déprimés, découragés*, éd. Dangles, 1928, 239 p.

Jamer, Roderick, *Eurêka! La recherche du docteur Robin Poole sur l'arthrite donne des résultats positifs*, revue Communiqué (Société d'arthrite), vol.4 no.3, sept. 1986.

Jamer, Roderick, *Les miroirs aux alouettes. Ils sont fascinants, mais trompeurs. Ne vous y laissez pas prendre*, revue Communiqué (Société d'arthrite), vol.4 no.4, déc. 1986.

Jeanes, Dennis W., *La «cartographie» du système immunitaire; La recherche actuelle explore la dynamique moléculaire de l'arthrite*, revue Communiqué (Société d'arthrite), vol.4 no.4, déc. 1986.

Jillurt, G.A., M.D., *A textbook on uric acid and its congeners*, Dan Hury Medical printing company.

Joiffon, R., *Étude chimique de l'équilibre acide-base par l'analyse d'urine*.

Jones, W.G., *La bataille du sucre*, La Presse, 24/02/1982.

Kalout, Dr. Harold, **Josseau Kalout**, Dr. Oriana, *Drogues: société et option personnelle*, éd. La Presse, 1971, 215 p.

Kamen, Betty, PhD., *Hormone replacement therapy*, éd. Nutrition Encounter, 1996, 276 p.

Karim, S.M.M., *Practical applications of Prostaglandins and their synthesis inhibitiors*, éd. MTP(International Medical Publishers), 1979, 458 p.

Karli, Pierre, *L'homme agressif*, Odile Jacob, 1987, 385 p.

Kaudalaft, N., *Le sucre, du poison*, La Tirbune, 3/12/1974.

Kervran, C.L., *À la découverte des transmutations biologiques*, éd. Le courrier du livre, 1966, 189 p.

Kervran, C.L., *Transmutations naturelles non radio-actives*, éd. Maloine, 1966, 164 p.

Kervran, C.L., *Transmutations biologiques*, éd. Maloine, 1968, 231 p.

Kervran, C.L., *Transmutations biologiques en agronomie*, Librairie Maloine, 1970.

Khorol, I., *Un savant soviétique fait campagne pour sauver le cerveau*, Le Devoir, 6/11/1974.

Klotz H.P., **Guirondon** G., *Sur la fréquence et l'intérêt de l'association hypoglycémie fonctionnelle et spasmophilie chronique constitutionnelle*, Semaine des hôpitaux de Paris, 28/10/1960.

Koch-Bateson, Carolee, D.C.N.D., *Allergies, disease in disguise*, Aline Books, 1994, 207 p.

Kousmine, Dr. Catherine, *Sauvez votre corps*, éd. Robert Laffont/Sand, 1987, 429 p.

Kuhne, L., *La nouvelle science de guérir*, Les éditions Amour et Vie, 1956, 555 p.

Labelle, Yvan, *L'hypoglycémie, un dossier choc (Si les glandes m'étaient contées...)*, éd. Fleurs sociales, 1989, 482 p.

Laborit, Henri, *L'agressivité détournée*, Union générale d'éditions, 1970, 192 p.

Laborit, Henri, *L'homme et la ville*, Flammarion, 1971, 214 p.

Laborit, Henri, *Les comportements: Biologie, physiologie, pharmacologie*, Masson et Cie éditeurs, 1973, 404 p.

Laborit, Henri, *Le marché de l'angoisse*, éd. Seuil, 1977, 192 p.

Laborit, Henri, *La colombe assassinée*, éd. Grasset, 1983, 211 p.

Laborit, Henri, *L'ihnibition de l'action*, éd. Masson, 1986, 332 p.

Laborit, Henri, *La vie antérieure*, Les Éditions de l'Homme, 1989, 297 p.

Lagacé-Lambert, Louise, *Bons gras, mauvais gras*, Les Edititons de l'Homme, 1993, 172 p.

Larcan A., **Huriet** C., *Hormones et myocarde*, La Presse Médicale, 21/10/1961, p.1909.

Larue S., **Lawrence** E. **Lamb**, M.D., *There's help for arthritis*, Popular library, 1971, 221 p.

Lassen N., **Ingvar** D., **Skinhoj** E., *Les fonctions cérébrales et la circulation sanguine*, revue Pour la Science, déc. 1978, p.37.

Latinien, Ossi, *The metabolism of collagen and its hormonal control in the rat*, thèse, 1967.

Lavin, Norman, M.D., *Manual of endocrinology and metabolism*, Little Brown Spiral Manual Series, 1989, 769 p.

Law, D., *How to Defeat Rhumatism and Arthritis*, Health Science Press, 1969, 63 p.

Lederer, Jean, *Le zinc, en pathologie et en biologie*, éd. Maloine, 1985, 290 p.

Leduc, Paul, *Vos aliments sont empoisonnés*, éd. Du Jour,1970, 174 p.

Lee, John R., M.D., *Natural Progesterone*, BLL Publishing, 1995, 104 p.

Lee, Richard (du Departement of Medicine, New York Hospital, Cornell University Medical Center, en provenance des Annales de l'Académie des Sciences de New York), *L'acide ascorbique et le système périphérique vasculaire*, 1952.

Le Magnen, J., *La neurophysiologie de la faim*, revue La Recherche, mai 1973.

Lequerler, Yves, *Traitement des ulcères gastro-duodénaux par la vitamine C à forte dose*, thèse, 1952.

Leriche, Dr. René, *Physiologie et pathologie du tissu osseux*, éd. Masson, 1939, 455 p.

Lestradet H., **Class** I., **Labram** I et **Billaud** L., *L'hyperglycémie provoquée par voie buccale*, Presse Médicale, 7/12/1963, p.2497.

Lestradet, H., *La régulation de la glycémie*, Presse Médicale, 23/01/1965, p.189.

Lévy, Émile, Ph.D, *Rôle de la péroxydation dans l'arthéosclérose*, Fondation des maladies du coeur du Québec.

Lloyd B.B., **Sinclair** H.M., *Biochemistry and physiology of nutrition about vitamin C*.

Locke, David M., *Enzymes: The agents of life*, Crown Publishers inc., 1969, 247 p.

Lovell, Dr. Philip, *Arthritis*, Natural Health Publications, 1964, 58 p

Lubertzi, J., **Friedler** D., *Métabolisme glucidique*, La revue du praticien, Tome 14, 25/12/1964.

Luce, G.G., *Le temps des corps*, éd. Hachette, 1972, 335 p.

Lyon, Josette, *L'angoisse mal du siècle*, éd. Denoël, 1957, 219 p.

Malcolm I., **Jayson-Allan** V., Dixon ST J., *Rhumatism and Arthritis*, Pan Books, LTD, 1956, 288 p.

Mandel M, **Scanlon** L.W., *5-day allergy relief system*, Pocket books, 1979, 321 p.

Mangenot, Marie-Hélène, *Contribution à l'étude des manifestations ostéo-périostiques de l'avitaminose C*, thèse, 1938.

Mangenot, M.H., *Les lésions ostéo-périostiques classiques*, Jaurie et cie, 1938.

Matte, Ronald, M.D., **Belanger**, Raphaël, *Endocrinologie, Doin éditeurs*, Les Presses de l'Université de Montréal, 1993, 452 p.

McArdle W.D., **Katch** F., **Katch** V., *Physiologie de l'activité physique*, éd. Edisem inc., 1989.

Meloche, Dr. Jacques P., **Dorion**, Jean, *Maux de tête et migraines*, Les Editions de l'Homme, 1988, 248 p.

Ménétrier, Dr. Jacques, *La médecine fonctionnelle*, 1954.

Ménétrier, Dr. Jacques, *La médecine des fonctions*, éd. Hemsi, 1983, 218p.

Mergler Donna, **Ouellet** Florian, **Leborgne** Dominique, **Simoneau** Serge, *Le bruit en milieu de travail*, Institut de recherche appliquée sur le travail, 1980, 107 p.

Métier-Dinuzio, C., *Le premier atlas du cerveau*, Science et Vie, déc. 1975, p.56.

Miller, Hans William, **Heinrich** Richard L., *Comment contrôler son stress personnel*, Les Editions Saint-Yves inc., 1986, 105 p.

Moorhead, Shelly Davis, *Le symposium Edward Dunlop: en quête d'un consensus sur la fibromyalgie*, revue Communiqué (Société d'arthrite), vol.7 no.1, mars 1989.

Mouriquand, Georges, *Ostéopathie par avitaminose C chronique et syndrome rhumatisme ankylosant*, 1939.

Mouriquand, Georges, *Essai de réalisation du rhumatisme chronique par carence.*

Mouriquand, Georges, *Ostéoses et périostoses par carence alimentaire chronique.*

Mouriquand, Georges, *La vitamine C devant la clinique et l'expérimentation.*

Murray, Michael T, N.D., *Healing power of herbs*, Prima Publishing, 1995, 410 p.

Murray, Michael T, N.D., *Encyclopedia of Nutritional Supplements*, Prima publishing, 1996, 564 p.

Neu Dr. SVEN, RANSBERGER Dr. Karl, *Les enzymes-santé*, éd. Jouvence, 1992, 231 p.

Newbold, Dr. H.L., *Mega-nutrients for your nerves*, Berkley Books, 1978, 393 p.

Nouvelle Illustrée, *Le sucre blanc: une drogue qui tue lentement et sûrement*, 3 au 9 déc. 1977, p.17.

Nouvelliste, Le, *La malnutrition coûte cher au Québec*, 15/01/1974.

Nutrition Canada, *Résumé de l'enquête nationale demandée par le gouvernement fédéral, au niveau des carences en vitamines et en minéraux dans la population canadienne*, 1973, 129 p.

Olivier, Jean-François, *Huiles et matières grasses*, éd. La Vie Naturelle, 1992, 66 p.

Papageorges, C., *La pilule cause des maladies cardiaques*, Dimanche-matin, 1/04/1973.

Passwater, R., *Supernutrition*, éd. Buchet/Castel, 1978, 277 p.

Passwater, Richard A., Ph.D, *The antioxidants*, Keats Publishing inc., 1985, 26 p.

Pauling, Dr. Linus, *Profitez des vitamines*, Primeur/ Sand, 1988, 306 p.

Paul-Marguerite, Y., *Le prix de l'équilibre*, Editions du jour, 1971, 310 p.

Pecile A. et **Müller** E.E., *Growth and Growth hormone*, Proceedings of the second international symposium on Growth hormone, Milan, May 5-7, 1971, Editor Excerpta Medica.

Pelletier, Dr. Kenneth R., *Le pouvoir de se guérir ou de s'autodétruire*, éd. Québec/Amérique, 1984, 367 p.

Perrault, Marcel, *Le régime de fond des hypoglycémies fonctionnelles de l'adulte*, La Revue du praticien, 21/12/1963, p.4025.

Perron Diane, **Wigmore** Ann N.D., **Howell** Dr. Edward, *Reconstruisez votre santé par l'alimentation vivante*, éd. Chlorophylle, 1992, 255 p.

Perrot-Goudot, Andrée, *La chimie électronique du système nerveux*, Vigot frères, 1975, 205 p.

Pestel, M., *La loi des concentrations et des débits et des régulations physiologiques*, de P. Vendryes, Presse Médicale, 27/04/1963, p.1071.

Peterson, C., *Réponse à l'arthrite*, éd. Paulines, 1973, 165 p.

Petit, J.R., *Contribution à l'étude de l'ostéose de carence du rachis R*, éd. Manlon, 1945.

Petit, M., *Les effets du café sur l'organisme*, Journal de Montréal, 30/08/1981, p.27.

Pfeiffer's, Dr. Carl C., *Zinc and other micro-nutriments*, A Pivot Original Health Book, 1978, 242 p.

Picard, Dr. H., *De la cause au traitement des rhumatismes*, Librairie Maloine, 1969, 200 p.

Picard, H., *Utilisation thérapeutique des oligo-éléments*, Librairie Maloine, 1971, 180 p.

Picard H., ANTONINI A., Docteurs, *Traitement médical étiologique de la coxarthrose*, Librairie Maloine, 1971.

Pinès, M., *Transformer le cerveau*, éd.Buchet/Castel, 1975, 315 p.

Pour la science, *Ces hormones qui nous gouvernent*, diffusion Belin, 1990, 189 p.

Powell, Ken, *Le stress dans votre vie*, éd. Un monde différent ltée, 1989, 203 p.

Pradal, H., *Le bluff des médicaments*, Paris-Match, 13/12/1975.

Pradal, H., *Le marché de l'angoisse*, éd. Du Seuil, 1977, 129 p.

Prepared by Éditors of Prevention Magazine, *Vitamine A Everyone's basic bodyguard*, Rodale Press, 1973, 130 p.

Presse, La, *La malnutrition affecterait le cerveau*, 5/10/1972.

Presse, La, *Attention à la caféine. On la retrouve dans de nombreuses substances autres que le café*, 11/10/1972.

Presse, La, *Le bonbon, ennemi no.1 des dents des enfants*, 19/12/1974.

Presse, La, *Médecine d'aujourd'hui. Les eaux gazeuses*, 23/06/1975.

Presse, La, *Les fumeurs irrités par le tabac*, 7/04/1982.

Presse, La, *L'hypoglycémie soulagée en 20 minutes*, 24/08/1982.

Presse médicale, La, *L'hypoglycémie et la cigarette*, du 15 au 22 avr. 1959, p.39.

Price, W., *Nutrition and physical degeneration*, Price-Pottenger Nutrition Foundation, 1945, 526 p.

Quevauvilliers J., **Perlementer** J.L., **Ibraska** P., **Kopf** A., *Cahiers de biologie no.1* , éd. Masson et cie, 1968, 143 p.

Quevauvilliers J., **Perlementer** J.L., **Ibraska** P., **Kopf** A., *Cahiers de biologie no.2*, éd. Masson et cie, 1969, 170 p.

Quoist, Michel, *Réussir*, Editions Economie et humanisme, Les Éditions ouvrières, , 1961, 246 p.

Rapoport, Samuel M., *Le sang*, éd. La Farandole, 1956, 203 p.

Ramsus, A., M.D., *Victory over arthritis*, Groton Press, 1966, 20 p.

Ravina, A., *La sérotonine et ses antagonistes*, La Presse Médicale, 7/07/1962, p.1617.

Reckeweg, Hans-Heinrich, *L'homotoxicologie*, éd. Aurelia, Verlag. Baden-Baden, 1991, 174 p.

Regnault-Allain, Martine, *Quand le moral baisse*, Sciences et Avenir, janv. 1986, p.22.

Reid, Hélène, n.d., *L'hypothyroïde de l'adulte*, thèse de fin d'études, Académie Naturopathique Johanne Verdon, 1995, 232 p.

Reinberg, A., *Le potassium et la vie*, Presses universitaires de France, 1969, 128 p.

Renaud, Jacqueline, *La prison modifie pour toujours l'organisme*, Science et Vie, oct. 1974, p.46.

Renaud, Jacqueline, *La dopamine, «clé» de la folie*, Science et Vie, 1981, p.4.

Rinzler, Carol Ann, *Estrogen and Breast cancer*, Macmillan Publishing Company, 1993, 233 p.

Robert, Dr. Hervé, *Ionisation, Santé, Vitalité*, éd. Artulen, 1989, 202 p.

Robert, J.-M., *Comprendre notre cerveau*, éd. Seuil, 1982, 268 p.

Robert, Ladislas, *Les horloges biologiques*, éd. Flammarion, 1989, 289 p.

Robert, Q., *Le sang déchiffre le cerveau*, Sciences et Avenir, avril 1975, p.367.

Rodale, J.I. et collaborateurs, *The complete book of vitamins*, Rodale Books inc.

Rodale, J.I., *Natural health, sugar and the criminal mind*, Pyramid Books, 1968, 189 p.

Rodale, J.I. et collaborateurs, *Encyclopedia of common diseases*, Rodale Books inc., 1970, 992 p.

Rodale, J.I., *Arthritis, Rhumatism*, Rodale Press inc., 1974, 285 p.

Romann, J.-P., *La grande bouffe des médicaments*, La Presse-Perspective, 15/11/1975.

Root, Dr. Allen W., M.D., *Human pituitary growth hormone*, Charles C Thomas Publisher, 1972.

Rosenberg, H., **Feldzamen**, A.N., *The book of vitamin*, Berkley Publishing Corp., 1974, 278 p.

Rosenthal, M. Sara, *The thyroid sourcebook*, Lowell House, 1993, 215 p.

Rossion, P., *L'agressivité expliquée par la chimie*, Science et Vie, juin 1977, p.32.

Rossion, Pierre, La *médecine face à ses limites*, Science et Vie, no 946, juil. 1996.

Rowan, R., *La pilule n'explique pas tout*, Le Devoir, 17/03/1973, p.11.

Roy, C.C., *Retour à l'allaitement maternel essentiel en pays développé comme en pays sous-développé*, L'Actualité, mars 1976, p.26.

Roy, Hélène, *L'immunologie au service de l'arthrite*, revue Communiqué (Société d'arthrite), vol.4 no.2, juin 1986.

Roy, Hélène, *La piste des leucotriènes: un avenir prometteur*, revue Communiqué (Société d'arthrite), vol.7 no.3, sept. 1989.

Roy, P., *Les hormones*, La Diffusion nouvelle du livre, 1960, 175 p.

Rudin Donald, O.M.D., **Felix** Clara, *The Omega 3 phenomenon*, Rawson Associates, 1987, 286 p.

Rudin Donald, O.M.D., **Felix** Clara, *Omega 3 Oils*, Avery Publishing Group, 1996, 216 p.

Rudolph, Dr. T.M., *Banish arthritis*, Health Guild Publishing Company, 1954, 19 p.

Ruth A., **Murray** F., *Vitamin C*, Manor Books inc., 1972, 191 p.

Ryckewaert A., **De Seze** S., *La goutte*, Expansion scientifique française.

Sacksick, Dr. Hubert, *Vivre selon son type hormonal*, Josette Lyon, 1988, 178 p.

Sacrez, Robert, *Le comportement de l'homme à l'égard de la carence en vitamine C*.

Sain, Martin, *Ces médecins qui nous droguent*, éd. La Cité, 1971, 164 p.

Sahelein, Ray, M.D., **Dhea** *A practical guide*, Avery Publishing Group, 1996, 158 p.

Sal, J., *Les oligo-éléments*, Librairie Maloine, 1981, 129 p.

Salk, Dr. Jonas, *Métaphores biologiques*, éd. Calmann-Lévy, 1975, 216 p.

Saponaro, Dr. Aldo, *Libérez-vous de vos troubles nerveux*, éd. De Vecchi, 1972, 190 p.

Schally A.V., **Kastin** A.J., *Les hormones et l'hypothalamus*, La Recherche, janv.1976, p.36.

Schmitt, H., *Éléments de pharmacologie*, Éditions Médicales, Flammarion, 1957, 377 p.

Schmitt, Walter H. Jr., D.C., *Common glandular dysfunctions in the general practice*, éd. Walter H. Schmitt, Jr., D.C., 1981, 169 p.

Science et Vie, *Dangers possibles du sucre raffiné*, avril 1975, p.78.

Science et Vie, Ivre sans alcool? *C'est possible et dangereux*, juil.1975, p.77.

Science et Vie, *Tabac et système nerveux: des liens nouveaux*, juin 1977, p.75.

Science et Vie, *Les colorants alimentaires peuvent modifier le comportement humain*, juin 1980, p.72.

Science et Vie, *Café et cancer du pancréas*, mai 1981, p.65.

Science et Vie, *Café: toujours du nouveau*, oct. 1981, p.68.

Sears, Bassy, Ph.D, **Lauren**, Biel, *Enter the zone*, Regan Books, 1995, 286 p.

Seignalet, Jean Docteur, *L'alimentation ou la troisième médecine*, éd. François-Xavier de Guihert, 1996, 452 p.

Selye, Hans, *Textbook of endocrinology acta endocrinologica*, Université de Montréal, 1947.

Selye, Hans, *Le stress de la vie*, éd. Gallimard/Lacombe, 1956, 425 p.

Selye, Hans, *Stress sans détresse*, éd. La Presse, 1974, 175 p.

Selye, Hans, *Le stress de ma vie*, éd. Alain Stanké, 1976, 165 p.

Séminaire Healthcomm, *Les nouvelles découvertes cliniques dans le traitement: du syndrome de fatigue chronique, de la dysbiose intestinale, du dérèglement immunitaire et de l'intoxication cellulaire*, 1994.

Sergueïev, B., *Tout sur le cerveau*, Editions de Moscou, 1974, 346 p.

Seroussi, S., *Petit guide des additifs alimentaires*, Science et vie, déc. 1975.

Smith, L., *L'abus de sucre est néfaste pour la santé*, Dimanche-matin, 4/05/1980, p.B-43.

Sneddon, J. Russel, *Nature cure of rhumatic aliments*, Health for all Publishing Co., 1964, 64 p.

Soubiran André, **Christen** Yves, *Le stress vaincu?*, éd. Albin Michel, 1981, 192 p.

Soulairac, A., *Le stress peut frapper les plus jeunes*, Journal de Montréal, 21/11/1981, p.25.

Spellacy W.N., **Carlson** K.L., **Birk** S.A., **Schade** S.L., *Glucose and insuline alterations after one year of combination-type oral contraceptive treatment*, Metabolism, no.6, juin 1968.

Steincrohn, P.J., *Low blood sugar*, New American library, 1973, 128 p.

Steincrohn, Dr. P., *Comment j'ai vaincu l'angoisse*, Elsevier Séquoia, 1975, 235 p.

Steinman, Laurence, *Les maladies auto-immunes*, Dossier: Pour la Science, oct. 1995.

Sylvestre, E., *Influence sur la santé de l'homme*, Union médicale, tome 89, avril 1960, p.476.

Tara, M.S., *Alimentation et fatigue*, Semaine des hôpitaux de Paris, 4/02/1960, p.378.

Tavris, Carol, *La colère de l'Homme*, 1984, 390 p.

Tchobroutsky, G., *Nutrition et métabolisme*, éd. Flammarion, 1971, 233 p.

Terroine, Thérèse, *Monographie des annales de la nutrition et de l'alimentation dites relations vitaminiques*, Éditions du Centre national de la recherche scientifique, 1966.

Tétau, Max, *Cahiers de biothérapie*, no.29.

Tétau, Max, *Cahiers de biothérapie*, no.35.

Tétau, Max, *Cahiers de biothérapie*, no.44.

Thorner, Michael O. and Frisck Herweig, *Hormonal Regulation of Growth*, Serono Symposium publication from Raven Press, volume 58.

Tobe, J.H., *Aspirin, monster in disguise*, Provoker Press, 1963, 141 p.

Tram-Van-Nihm, *L'arthritisme*, 1931, 11p.

Trémolières, Dr. Jean, *Nutrition*, éd. Dunod, 1973, 618 p.

Trémolières, Dr. Jean, *Diététique et art de vivre*, éd. Seghers, 1975, 324 p.

Trémolières Dr. Jean, SERVILLE Y., JACQUOT R., *Les bases de l'alimentation no.1*, Les Editions E.S.F., 1975, 527 p.

Twogood, Daniel, A.D.C., *Méfiez-vous du lait*, éd. Lacaille, 1996, 261 p.

Usdin, Earl, Ph.D., Kvetnansky Richard M.D., *Catecholamines and stress*, published by Elsevier North Holland, Inc., 1979.

Vachon, Carol, B.Sc.Biol., Ph.D, *Le lait est-il si bon pour la santé?*

Vachon, Carol, B.Sc.Biol., Ph.D, *Le lait peut-il causer l'ostéoporose?*

Vander Arthur J., M.D., **Sherman** James H., Ph.D, **Luciano** Dorothy S., Ph.D, *Physiologie humaine*, éd. McGraw-Hill, 1989.

Varmbrandm., N.D. D.C. D.O. *How thousands of my arthritis patients*, Arc Books, 1971, 225 p.

Vasey, Christopher, *L'équilibre acido-basique*, éd. Jouvence, 1991, 132 p.

Vaughan, M. Janet, *The physiology of bone*, Clarendon Press, 1970, 300p.

Vester, Frédéric, *Vaincre le stress*, Delachaux et Niestlé, 1976, 334 p.

Viflas, Espin, *Contribution à la connaissance de l'avitaminose C chez l'homme*, 1946.

Vincent, Dr. A., *Les méfaits de l'arthritisme*, Idées scientifiques Neufchâtel, 1949.

Vlamis, Gregory, *Flowers to the rescue: the healing vision of Dr. Edward Bach*, Thorsons Publishers Ltd., 1986.

Vonderweid J.-M., **Séroussi** S., *Le lobby bettravier contre le sucre qui fait maigrir*, Science et vie, fév.1979, p.94.

Voxvrie De, Dr. Guy Van Renynghe, *Tout savoir sur son cerveau*, éd. Favre, 1985, 261 p.

Wade, Carlson, *Emotional health and nutrition*, Award Books, 1971, 155 p.

Webster, James, *Vitamin C, the productive vitamin*, 1971.

Weller C., **Boylow** B.R., *Hypoglycemia: how to live with hypoglycemia*, Award Books, 1970, 157 p.

Weller, Stella, *Santé immunitaire naturelle*, éd. Jouvence, 1991, 161 p.

Wilbur, Dwight, *The vitamins and vitamin deficiency diseases in specialities in medical practice*, 1940-1947.

Williard Terry, Ph.D, **McCormick** James, M. Sc., *Textbook of advanced herbology*, éd. Wild Rose College of Natural healing Ltd., 1992, 436 p.

Willem, Dr. Jean-Pierre, *Le secret des peuples sans cancer*, éd. du Dauphin, 1994, 255 p.

Willson, E. Denis, M.D., *Wilson's syndrome*, Cornerstone Publishing Company, 1993, 337 p.

Wurtman R., *Les aliments qui modifient le fonctionnement du cerveau*, revue Pour la Science, juin 1982, p.34.

Yudkin, J., *Sweet and dangerous*, Bantam Books, 1972, 209 p.

Liste des articles condensés pris sur Internet

Age-dependent growth rate of primary breast cancer.
Cancer 1993 Jun 1; 71(11): 3547-51
Peer, PG; van Dijck, JA; Hendricks, JH; Holland, R; Verbeek, AL
   Aging and anti-aging effects of hormones.
J Gerontol 1989 Nov; 44(6): B139-47
Everitt, A; Meites, J
   Anabolic steroids and growth hormone.
Am J Sports Med 1993 May-Jun; 21(3): 468-74
Haupt, A
   Arthritis and diet: A new look.
Prevention 1990 Oct; 42(10): 40-45
McVeigh, G
   Benign and malignant tumors in patients with acromegaly.
Arch Intern Med 1991 Aug; 151(8): 1629-32
Barzilay, J; Heatley, GJ; Cushing, GW
   Can hormones stop the clock?
Newsweek 1990 Jul 16; 116(3): 66
Cowley, G; Hager, M
   Checking out alternative arthritis treatment.
Prevention 1991 May; 43(5): 61-64, 116
Kantrowitz, FG
   Deficient hormone may be culprit in painful diabetes complication.
New York Times 1995 Jan 24; 144(49,951): B8
Blakeslee, S
   Disturbances in growth hormone secretion and action in adolescents with anorexia nervosa.
J Pediatr 1994 Oct; 125(4): 655-60
Golden, NH; Kreitzer, P; Jacobson, MS; Chasalow, FI; Schebendach, J; Freedman, SM; Shenker, IR
   Effect of weight loss by obese children on long-term growth.
Am J Dis Child 1993 Oct; 147(10): 1076-80
Epstein, LH; Valoski, A; McCurley, J
   Effects of long-term treatment with growth hormone on bone and mineral metabolism in children with growth hormone deficiency.
J Pediatr 1993 Jan; 122(1): 37-45
Saggese, G; Baroncelli, GI; Bertelloni, S; Cinquanta, L; Di Nero, G

Growth-drug debate: What is too short?
Los Angeles Times 1993 Feb 2; 112(61): E1, E8
Roan, S

Growth hormone sparks controversy.
Medical Tribune 1994 Sep 8; 35(17): 1, 8
Hurley, D

Growth hormone therapy.
Am Fam Physician 1990 May; 41(5): 1541-6
Shulman, L; Miller, JL; Rose, LI

Growth hormones.
Los Angeles Times 1990 Jan 1; 109(29): B2
Patlak, M

Human growth hormone.
Postgraduate Medicine 1992 Apr; 91(5): 367-369, 373-374, 380-382, 385-386, 388
LaFranchi, S

Hype, hope and growth hormone.
San Jose Mercury News 1990 Jul 10; 140(21): 1C, 3C
Barnum, A

Immunologic studies in Turner syndrome before and during treatment with growth hormone. The Dutch Growth Hormone Working Group.
J Pediatr 1991 Aug; 119(2): 268-72
Rongen-Westerlaken, C; Rijkers, GT; Scholtens, EJ Van Es, A; Wit, JM; van den Brande, JL; Zegers, BJ

Risk of leukemia after treatment with pituitary growth hormone.
Jama 1993 Dec 15; 270(23): 2829-32
Fradkin, JE; Mills, JL; Schonberger, LB; Wysowski, DK; Thomson, R; Durako, SJ; Robinson LL

Scientists study role of amplified growth factors in wound healing.
Medcom (Vanderbilt Univ Medical Center) 1990 Apr 6; 8(13): 1-2
Keeley, J

Seasonal variation in growth during growth hormone therapy.
Am J Dis Child 1991 Jul; 145(7): 769-72
Rudolf, MC; Zadik, Z; Linn, S; Hochberg, Z

Study finds genetic clues to rheumatoid arthritis.
New York Times 1993 Aug 12; 142 (49,421): C20
Altman, LK

Study of rat links disease to defect in brain's stress response.
Los Angeles Times 1989 Oct 18; 108(319); A23
Maugh, TH
The fountain of youth?
Harvard Health Letter 1992 Jun; 17(8): 1-3
Lehrman, S
The hormone handbook.
Ladies' Home Journal 1992 Nov; 109(11): 125-126, 128-129, 132, 174
Hales, D
Warning: what mothers must know about milk and juice.
McCall's 1994 Oct; 122(1): 78, 80, 82-83
Linden, L

Adresse électronique:
http://pathfinder.c...%26growth%26hormone

CONSULTATIONS

Il est possible de rencontrer des naturopathes compétents ayant reçu la formation pertinente leur permettant d'appliquer la «thérapie glandulaire». Cette thérapie s'applique non seulement aux maladies inflammatoires, mais aussi à la plupart des maladies. À tous ceux qui doutent des possibilités de la thérapie naturopathique associée à la «thérapie glandulaire», nous recommandons de prendre connaissance des résultats démontrés dans ce volume. Cette nouvelle thérapeutique est unique en son genre.

Si vous désirez des renseignements ou un rendez-vous, vous pouvez vous adresser au:

**Centre naturopathique Verdon Labelle
1274 rue Jean-Talon est, local 200
Montréal, Qc
H2R 1W3
Téléphone: (514) 272-0018**

LA «THÉRAPIE GLANDULAIRE»

Désirant transmettre mes connaissances, un cours est disponible pour les professionnels(elles) de la santé intéressés par cette approche unique basée sur le rétablissement de l'équilibre glandulaire.

Le système glandulaire est au premier rang des régulations biochimiques corporelles, mais aussi des pensées et des émotions que nous ressentons. Il constitue le pilier de notre défense active envers les chocs extérieurs: le stress est déclenché par un jeu d'hormones approprié. Mais, lors d'un déséquilibre du système glandulaire, ce travail de protection est inadéquat et provoque un grand nombre de maladies. Il est donc important de rétablir son équilibre.

Afin de reprendre leur fonction convenablement, les différentes glandes ont besoin d'être régularisées et nourries de façon spécifique. La «thérapie glandulaire» a déjà été appliquée avec succès pour différents problèmes émotionnels et lors d'arthrite rhumatoïde, d'arthrite inflammatoire et également d'autres maladies inflammatoires.

Vous pouvez vous informer à l'adresse suivante:

M. Yvan Labelle, n.d.
1274 rue Jean-Talon est, local 200
Montréal, Qc
H2R 1W3
Téléphone: (514) 272-0018

OUVRAGES PUBLIÉS PAR
LES ÉDITIONS FLEURS SOCIALES

Soigner avec pureté, *Johanne Verdon-Labelle, n.d.*
Montréal, 1984, 341 pages.

L'arthrite: une souffrance inutile? *Yvan Labelle, n.d.*
Montréal, 1987, 220 pages.

Le jardin utérin, *Johanne Verdon-Labelle, n.d.*
Montréal, 1987, 364 pages.

L'hypoglycémie, un dossier choc, *Yvan Labelle, n.d.*
(Si les glandes m'étaient contées)
Montréal, 1989, 483 pages.

L'alimentation caméléon, *Johanne Verdon, n.d.*
Montréal, 1997, 240 pages.

Contes symboliques:

Elvira et cassioppée au royaume des qualités (épuisé),
Johanne Verdon-Labelle, n.d.
Montréal, 1983, 36 pages.

L'Étoile d'amour, *Johanne Verdon-Labelle, n.d.*
Montréal, 1986, 63 pages.

Si vous désirez commander les livres des Éditions
Fleurs sociales par téléphone:
Distribution et Services Ferti 2000 Inc.
Montréal: (514) 272-1365
Extérieur: 1-800-272-1365

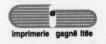

imprimerie gagné ltēe

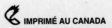

IMPRIMÉ AU CANADA